EL NIÑO Y SU MUNDO

Fiestas de cumpleaños infantiles

Divertidas sugerencias para los primeros
cumpleaños de tus hijos

Penny Warner

Título original: *Baby Birthday Parties*
Publicado en inglés por Meadowbrook Press

Traducción de Joan Carles Guix

Ilustración de cubierta: Amanda Haley

Ilustraciones del interior: Laurel Aiello

Distribución exclusiva:
Ediciones Paidós Ibérica, S.A.
Mariano Cubí 92 – 08021 Barcelona – España
Editorial Paidós, S.A.I.C.F.
Defensa 599 – 1065 Buenos Aires – Argentina
Editorial Paidós Mexicana, S.A.
Rubén Darío 118, col. Moderna – 03510 México D.F. – México

© 1999 by Penny Warner

© 2003 exclusivo de todas las ediciones en lengua española:
   Ediciones Oniro, S.A.
   Muntaner 261, 3.º 2.ª – 08021 Barcelona – España
   (oniro@edicionesoniro.com – www.edicionesoniro.com)

ISBN: 84-9754-042-5
Depósito legal: B-47.065-2002

Impreso en Hurope, S.L.
Lima, 3 bis – 08030 Barcelona

Impreso en España – *Printed in Spain*

ÍNDICE

DEDICATORIA

A Tom, Matt y Rebecca

AGRADECIMIENTOS

Me gustaría dar las gracias a todos mis alumnos del Diablo Valley College, del Chabot College y Ohlone College por sus generosas contribuciones. Gracias a la segunda y tercera generaciones de bebés: Jonathan Ellington, Mia Ellington, Steve Ellington, Geoffie Pike, Samuel Valdez, Zachary Valdez, Chloe Webster, Dakota Webster y Levi Webster. Gracias a Sue Stadelhofer por su entusiasmo. Gracias a Ed Pike por Buddy Boy. Y un agradecimiento especial a mi editor, Bruce Lansky, a la preparadora de mi original, Liya Lev Oertel, y a todo el personal de Meadowbrook Press por cuanto han hecho por mí.

INTRODUCCIÓN

Es el primer cumpleaños de tu hijo, y quieres celebrar este acontecimiento tan especial con tu bebé, la familia y los amigos. Pero ¿no será tu hijo demasiado pequeño para una fiesta de cumpleaños? ¡Por supuesto que no!

En el mercado existen muchos libros dedicados a la planificación de fiestas de cumpleaños para niños más mayores, pero éste es el primero que proporciona ideas para fiestas de cumpleaños para niños de 1 a 3 años.

Como experta en desarrollo infantil y organizadora de fiestas para niños, he realizado un esfuerzo especial para reunir los temas adecuados a los intereses del niño y a los estadios de desarrollo. Y he intentado que las fiestas fueran fáciles para los padres y divertidas para los niños.

Encontrarás veinte ideas para fiestas de cumpleaños infantiles que van desde una aventura animal hasta un invierno en un mundo maravilloso. Cada fiesta se completa con propuestas para diseñar disfraces sencillos, invitaciones fáciles de realizar, decorados rápidos de montar, actividades y juegos divertidos, meriendas para chuparse los dedos, pasteles creativos y regalos económicos para que los traigan los invitados. Asimismo, he incluido variaciones en los temas de las fiestas, para ofrecerte más posibilidades. Encontrarás sugerencias útiles al final de cada fiesta que te ayudarán a que todo salga a pedir de boca.

Nunca es demasiado pronto para celebrar el día más importante para tu bebé. Así que escoge la fiesta ideal para tu hijo ¡y que empiece la diversión!

IDEAS ÚTILES PARA UNA FIESTA DE CUMPLEAÑOS PERFECTA

ORGANIZA LA FIESTA

- La fiesta debe ser corta y agradable (de una hora u hora y media) para que se adecue a los limitados períodos de atención de los invitados. Los niños de 1 a 3 años se acaban cansando si se les hace prestar atención demasiado rato.

- En términos generales, el mejor momento para la mayoría de los bebés es a última hora de la mañana, después de la siesta matinal, o al anochecer, después de la siesta de la tarde. Para organizar la fiesta en la hora que tu hijo está más atento, obsérvale durante un día entero y descubrirás sus mejores momentos.

- Intenta que la fiesta se lleve a cabo en fin de semana. A los niños no les importará el día que escojas y a los adultos les será más cómodo en fin de semana.

- Asegúrate de invitar también a los padres, para que puedan ayudar a sus hijos a participar de la fiesta.

- Invita a un número reducido de niños a la fiesta: de uno a tres es ideal, y cinco es el máximo. Con más de cinco invitados corres el riesgo de convertir la fiesta en un coro de niños llorando.

- Obtén ayuda extra de una canguro, un abuelo o una amiga para que puedas participar y compartir la diversión con tu hijo.

- Toma muchas fotografías, pero evita las fotos con flash. Los flashes de las cámaras pueden irritar a los bebés e inquietarlos. Asegúrate de utilizar una película que tome buenas fotos con luz interior.

HAZ PEQUEÑOS DESCANSOS

- Algunos bebés tienen dificultades para soportar la excitación de las fiestas y mantener la atención. Para ayudar al tuyo a conservar la calma y a estar relajado, asegúrate de que duerma la siesta antes y después de la fiesta. Además, puedes permitirle un «tiempo de desconexión» durante la fiesta, como un descanso en la cocina a solas contigo mientras preparas la comida.

- Si ves que otros niños pierden la calma, di a sus padres que son libres de tomarse un descanso, como un paseo alrededor de la manzana o un ratito en el jardín.

- Si tu hijo llora o tiene una rabieta durante la fiesta, llévale a otra habitación, lejos del ruido y de la actividad. A continuación, proporciónale una tarea específica en la que concentrarse en la fiesta para facilitar un comportamiento más cooperativo. Realizar una tarea sencilla rebaja la tensión, distrae la atención del problema y ayuda al niño a recuperar el control sobre sí mismo.

MANTÉN OCUPADOS A LOS INVITADOS

- Ten preparadas actividades extra para divertir a los pequeños y piensa en muchos regalos que puedan traer de casa. De esta forma se entretendrán y serán menos propensos a estar celosos del anfitrión.

- Algunos bebés prefieren el envoltorio del regalo al propio regalo, el azúcar glaseado al pastel y los juguetes viejos a los nuevos. Esto es totalmente normal. Deja que el niño disfrute de la fiesta a su manera.

- Si los niños se muestran reacios a participar en las actividades o a comer, no los fuerces. Algunos bebés necesitan tiempo para acostumbrarse a la novedad y excitación que supone una fiesta. Muchos prefieren observar, ¡y se lo pasan igual de bien!

- Informa al anfitrión de que debe dejar los juguetes de lado momentáneamente, pero prométele que después podrá jugar con ellos. Si el niño no quiere compartir los juguetes nuevos con los demás, saca una caja con otros juguetes para que puedan divertirse. Asimismo, puedes dar a los niños los juguetes que hayan traído de sus casas para que puedan jugar con ellos y después llevárselos a sus casas de nuevo.

LA COMIDA

- Indaga con los demás padres para asegurarte de que sus hijos no padecen ninguna alergia alimentaria, y haz lo que puedas para evitar los típicos causantes de alergia en la comida de la fiesta. Si crees que no es posible, comunica a los padres qué alimentos no pueden comer sus hijos. Si tienes alguna mascota, certifica que ningún niño le tenga alergia, y a continuación haz lo que sea necesario.

- El convite debe ser sencillo, pero decorado con gracia; los alimentos deben ser divertidos, pero a la vez sanos y seguros.

IMPROVISA

- Si tu hijo se queda medio dormido durante la fiesta, déjale dormir. Algunos bebés se agotan cuando están muy emocionados. Vigila al anfitrión mientras entretienes a los demás.

- Estáte preparada para lo inesperado. Si los invitados se divierten más con los accesorios del juego que con el propio juego, deja que se lo monten a su manera. Si no quieren ni probar la comida que has preparado, no se van a morir de hambre. Si desean irse a casa, pueden irse. Si no se separan de sus padres, puede que estén disfrutando de la fiesta igualmente. Si se pelean, dejarán de hacerlo en unos minutos, y volverán a ser amigos de nuevo.

EL FINAL

- Cuando llegue la hora de terminar la fiesta, menciona que pronto llegará la hora de acostarse de tu hijo y empieza a limpiarlo todo. Saca las bolsas de despedida con golosinas. Esto estimulará a los padres que tardan en marcharse. Es muy importante para ambos que tu hijo y tú paséis un rato a solas después de la fiesta. Además ayuda a que la fiesta tenga un buen final.

- Cuando la fiesta se haya terminado y tu hijo esté dormido, siéntate con los pies en alto y disfruta de los recuerdos de esta ocasión tan especial. Podéis limpiar el desorden cuando el niño se levante, ya que para él esto supondrá la mitad de la diversión.

AVENTURA ANIMAL

Organiza la fiesta perfecta para bebés: ¡una aventura animal! Deja que los cariñosos peluches se unan a la diversión.

INVITACIONES

- **Animales vivos:** Recorta fotografías de animales de cuentos infantiles baratos o dibújalos tú misma. Dobla un trozo de cartulina por la mitad y pega los recortes en él. Engancha ojos que se muevan, plumas y otros detalles en tres dimensiones. Construye una tarjeta y, con un rotulador oscuro, escribe un mensaje de citación, como «Os esperamos en la fiesta de la aventura animal». Escribe el resto de los detalles en la parte interior de la cartulina doblada y manda las invitaciones a los convidados.

- **Cachorros:** Compra animales pequeños en una tienda de juguetes y ata en cada invitación a la fiesta un muñeco con una goma. Envía las invitaciones dentro de un paquete. El bebé puede jugar con los muñecos mientras los padres leen la propuesta. Asegúrate de que los juguetes no sean demasiado pequeños para evitar que los niños se los puedan llevar a la boca y tragar.

DECORACIÓN

- **Pósters de animales:** Compra pósters de cachorros y cuélgalos en las paredes de la estancia donde se vaya a celebrar la fiesta, a la altura de los ojos de los niños.
- **Centro de mesa:** Reúne una gran variedad de animales de peluche en la mesa para formar un centro. Si lo deseas, compra o confecciona un tapete de papel que parezca un bos-

COCODRILO

dad de turbantes con motivos de animales: con orejas de oso, de ratón, de conejo, etc. Si lo prefieres, puedes prepararlos tú misma: Puedes confeccionar unas orejas de animal con una cartulina gruesa y pegarlas a un turbante comprado en una tienda.

JUEGOS

• Pegar la trompa: Para los bebés, cuánto más grande mejor, así es que amplía el juego «Clava la cola en el asno» y conviértelo en «Pega la trompa al elefante». Compra dos pósteres de elefantes exactamente iguales y recorta la trompa de uno de ellos. Será la trompa que vuestros pequeños invitados engancharán al elefante intacto con cinta adhesiva que pegue por ambas caras. Si tienes inclinaciones artísticas, dibuja tu propio elefante en una hoja grande y prepara una trompa con cartulina. Explica bien el juego a los participantes. Haz que el primer jugador se coloque un gran sombrero que le cubra los ojos, en lugar de tapárselos con una cinta, dale la trompa con la cinta adhesiva puesta y ponle de pie delante del póster del elefante. A continuación, ayúdale a encontrar su camino. Si espía, ¡no pasa nada!

que o una granja y coloca los animales encima. También puedes cubrir la mesa con una tela decorada con animales.

DISFRACES

• Compra o elabora turbantes con orejas de animal y ponlos en las cabecitas de los invitados. Las tiendas de disfraces y los almacenes de juguetes ofrecen una gran varie-

- ¿Qué es este ruido? Compra una cinta de sonidos de animales. Haz que los pequeños se sienten en círculo. Pon los sonidos y ayuda a los pequeños a adivinar de qué animal se trata.
- Imitar animales: Haz que los niños se sienten en círculo. A continuación invita a los padres a imitar animales. Los niños han de adivinar el animal que pretendan ser.

EL PASTEL DEL REY DE LA SELVA

1. Utiliza un molde pastelero para cocinar un pastel en forma de león.
2. Cúbrelo con azúcar glaseado amarillo.
3. A continuación, añade ojos, boca, dientes, nariz, pelos y otros detalles con azúcar o gelatina.
4. Coloca animales de plástico en la base del pastel. También puedes hacer una capa de azúcar glaseado verde y disponer encima los animales de plástico.

ACTIVIDADES

- Confecciona una máscara: Corta formas de cara de un trozo de espuma o de cartulina dura. Realiza agujeros que representen los ojos, la nariz y la boca. Utiliza la cara de tú bebé para calcular las distancias entre ellos. Pega un palo de médico o de helado en la parte inferior de la cara para que sirva de mango. Pinta las máscaras con rotuladores no tóxicos y decóralas con semillas, plumas, etc. Deja que los invitados confeccionen sus propias máscaras. Cuando hayan terminado, celebrad un desfile de animales.

- El zoológico en casa: Contrata a un domador de animales para que acuda a la fiesta con un animal de verdad (un pony, una cabra o un pájaro exótico) para que los niños puedan jugar, aprender y acariciarlo.
- Caretas de animal: Contrata a un maquillador (o erígete en maquilladora de la fiesta) para que maquille las caras de los niños, caracterizándolos como leones, tigres y osos. Utilizad pinturas no tóxicas. A continuación, añadid orejas y cola para completar la imagen.

COMIDA

- Sirve comida de zoológico a los niños en un bufé libre para animales. Incluye galletas con formas de animales, tentempiés salados con formas de animales, tacos de queso, patatas fritas, frutos secos, uvas pasas, guisantes cocidos, etc.
- Sirve chocolate a la taza para más diversión animal.
- Coloca un cartel donde se pueda leer: «No dar comida a los animales» y tacha el «No».

OBSEQUIOS

- Los invitados deben traer animales de peluche de sus casas, animales de plástico o cuentos sobre animales.
- Obtén sombreros de safari y llénalos con animales de juguete y galletas con formas de animales.

VARIACIONES

- Lleva a los niños al zoológico para que puedan ver animales reales. Pide ayuda a los demás padres para la supervisión de los bebés.
- Mirad un vídeo sobre animales como *El rey León o Babe, el cerdito valiente*.

IDEAS ÚTILES

- Asegúrate de que todos los muñecos tengan un tamaño suficiente para que no se los puedan tragar y de que los rasgos de los animales están bien pegados.
- Pide a los padres de los invitados que ayuden en la fiesta.
- Ten en cuenta que algunos bebés tienen miedo de las máscaras. Si es necesario, deberás variar la actividad.

FIESTA EN EL MUNDO DE LOS JUGUETES

¿Existe un lugar mejor para celebrar una fiesta de bebés que el mundo de los juguetes? Vuestros invitados se divertirán rodeados de muchos juguetes.

INVITACIONES

- Cuac-Cuac: Coge una cartulina cuadrada y dóblala por la mitad. Ábrela y vuelve a doblarla en la dirección opuesta. Despliégala de nuevo y dobla las cuatro esquinas de forma que compartan el centro. Dobla la figura obtenida por la mitad de manera que las esquinas queden en la parte interior. Dóblala por la mitad hacia la dirección opuesta. Introduce los dedos pulgares e índices dentro de los pliegues. Mueve los dedos y dale vida al Cuac-Cuac. Escribe los detalles de la fiesta en las diferentes secciones del Cuac-Cuac. Mándalos a los invitados.
- Utiliza lazos de colores para colgar a las invitaciones juguetes pequeños. Envíalas en paquetes.

DECORACIÓN

- El mundo de los juguetes: Recorta fotografías de juguetes de catálogos o de libros ilustrados baratos y pégalos en la parte inferior de las paredes, a la altura de los ojos de los niños.
- Coloca animales de peluche y juguetes en el suelo.
- Confecciona un centro de mesa con juguetes
- Decora el techo con tiras de papel de crepé para dar a la estancia una atmósfera de mundo de los juguetes.

Puedes comprar los rompecabezas, hacer que los demás padres los traigan o pedirlos prestados en una biblioteca infantil. Incluso puedes elaborar tus propios rompecabezas con cartón y fotografías de colores.

- Las pelotas: Reúne diversos tipos de pelotas: de playa, de tenis, de ping-pong, de hilo, de goma, de fútbol y pompones. Haz que los niños se sienten formando un círculo, da a cada uno una pelota, y deja que las lancen, las empujen o se las pasen entre ellos.

- El escondite de los juguetes: Compra un montón de juguetes baratos y pequeños y escóndelos por el recinto donde se va a celebrar la fiesta de cumpleaños. Deja que los bebés intenten encontrarlos. Cuando un niño encuentre un juguete, se lo queda y se retira del juego, de esta forma cada uno tiene la oportunidad de conseguir un juguete.

- Caza de juguetes: Ata una cuerda a un juguete y colócalo en medio de la estancia. Tira de la cuerda e invita a los bebés a que atrapen el juguete. Cuando un niño consigue cazar un juguete, lo guarda con él y se retira del juego, de modo que los otros puedan atrapar su juguete también.

DISFRACES

- Cuando lleguen los invitados, proporciónales diademas con antenas que se muevan o bien sombreros pequeños con un molinete encima.

JUEGOS

- El rompecabezas: Abastéceles con una colección de rompecabezas de madera y deja que los resuelvan.

ACTIVIDADES

- Confecciona un juguete: Reúne varios rollos de cartón de papel higiénico antes de la fiesta. Compra pelotas suficientemente pequeñas para que quepan dentro de los tubos. Cuando los jóvenes invitados lleguen, proporciónales rotuladores de colores, pinturas, pegamento, cartulina y pegatinas para que los puedan decorar.

EL PASTEL DE LETRAS

1. Hornea un bizcocho en un papel de horno. Deja que se enfríe y córtalo en seis cubos.
2. Empareja los cubos de forma que obtengas tres grupos de cubos. Cubre cada grupo con un color de azúcar glaseado diferente.
3. Utiliza un color de azúcar glaseado que resalte para trazar las letras A, B y C en los laterales de los tres grupos de cubos.
4. Coloca el pastel B cerca del C, el B en el lado izquierdo y el C en el derecho. Pon el pastel A encima del B y el C. Esparce pequeños monigotes alrededor de la base del pastel.

Cuando hayan terminado con la decoración, muéstrales cómo introducir una bola dentro del tubo por un extremo y deja que caiga por el otro. También se puede jugar en parejas: uno mete la bola en el rulo y el otro puede intentar cogerla por el otro extremo.

- El mundo de los juguetes: Extiende una pieza grande de cartón en el suelo. Dibuja calles y lagos. Después coloca varios tipos de juguetes, pelotas, coches, animales de peluche, personajes de plástico, etc. Permite que los niños jueguen en grupo para que puedan crear su propio mundo de los juguetes utilizando el cartón como base.

COMIDA

- Coloca un «Sr. Patata» como centro de mesa y sirve una bandeja de patatas fritas cerca de él. Deja que los bebés confeccionen sus propios señores Patata con patatas de verdad. Proporciónales a cada uno una patata hervida y previamente enfriada. Corta las patatas por la mitad y anima a los niños a elaborarle la cara con trozos de vegetales y de tiras de beicon. Puedes utilizar queso rallado para simular el cabello.

- Prepara sándwiches de mantequilla y mermelada, o de nocilla. Retira la corteza y córtalos en trozos del tamaño de un canapé. Coloca los «canapés» uno encima del otro formando un edificio o una torre.
- Sirve ensalada de payaso: Coloca mitades de pera en conserva boca abajo en una bandeja cubierta de lechuga. Crea caras de payaso utilizando queso rallado para simular el pelo, pasas en lugar de ojos, cerezas que simulen la nariz y más pasas para la boca.

OBSEQUIOS

- Regala a los invitados juguetes pequeños, como pelotas, personajes, rompecabezas, animales, animales de peluche, casitas, etc.
- Elabora marcos con fotografías de cada uno de los invitados. Antes de la fiesta, confecciona marcos de cartón (la apertura debe tener un tamaño un poco menor que una fotografía Polaroid), cubre los marcos con papeles de colores y pega las letras del nombre de cada invitado. Toma fotografías tipo Polaroid durante la fiesta y colócalas en los marcos.

VARIACIONES

- Proyecta vídeos de juguetes, como *Toystory* o cualquier otro que os guste.
- Llévales a una exposición de juguetes, por ejemplo a un espectáculo de Lego. Asegúrate de contar con mucha ayuda adulta para la supervisión de los niños.

IDEAS ÚTILES

- Proporciona a todos los niños juguetes suficientes para jugar durante toda la fiesta, así nadie tendrá que compartirlos.
- Ten preparado al menos un juguete de regalo para cada niño invitado.
- Asegúrate de que los juguetes son irrompibles y adecuados para sus edades.

FIESTA DEL DINOSAURIO BARNEY

Celebra una fiesta con Barney y sus amigos: la fiesta de los dinosaurios. Devuélveles la vida a estas extinguidas criaturas para poder jugar un rato. Si no encuentras productos Barney en el mercado, servirá cualquier otro dinosaurio.

INVITACIONES

- Huevos sorpresa: Escribe cosas festivas en un papel pequeño, blanco y en forma de huevo. Coloca el papel y un dinosaurio pequeño de plástico dentro de un huevo de plástico que se pueda abrir y cerrar. Pega un dibujo de Barney en la parte exterior del huevo. Mándalos a los invitados en paquetes.
- Huevo cascado: Dobla una cartulina blanca por la mitad. Dibuja la forma de un huevo en una de las mitades de manera que la parte superior del huevo toque la parte doblada de la cartulina. Corta las dos mitades del huevo respetando la parte doblada para obtener una tarjeta en forma de huevo. Fotocopia una fotografía del anfitrión y pégala en la arte interior de la tarjeta. Escribe cosas festivas alrededor de la fotografía. Envíalos a los invitados,

quienes deberán cascar el huevo para poder ver la invitación sorpresa en su interior.

DECORACIÓN

- Crea el mundo de Barney:
  —Corta huellas grandes de cartulina y colócalas en el camino a la casa de la fiesta; servirán de guía.

–Cubre las paredes con hojas de papel de crepé de color púrpura.

DISFRACES

- Convierte a los invitados en dinosaurios. Píntales la cara de verde y dibújales grandes pecas. Pégales una cola y colócales a modo de sombrero medio huevo hecho con gorros de punto o con jarros de leche vacíos ondulados y festoneados.

JUEGOS

- La cola inacabada de Barney: Recorta una cola larga de color púrpura, como la de Barney, de una cartulina gruesa. Pon la música de Barney mientras sujetas la cola de forma horizontal. Los niños deben pasar por debajo, uno detrás de otro.
- ¡Barney se ha perdido!: Reúne de tres a cinco productos de Barney, como muñecos, libros, fotografías, personajes, etc. Coloca los productos en el centro de la estancia para que los bebés puedan observarlos. Señala y describe cada uno de los productos, a continuación cúbrelos con una manta. Saca un producto sin que lo puedan identificar y descubre el resto. Pregunta a los niños cuál falta.

–Cuelga pósters de Barney en las paredes a la altura de los bebés.
–Pon música de Barney en el jardín.
–Confecciona un centro de mesa con Barneys de juguete.
–Compra productos de papel Barney en una tienda de fiestas.
–Coloca cintas de papel de crepé colgando del techo.

- Cavar: Esconde los dinosaurios en una caja de arena, dentro de huevos de plástico o sueltos. Deja que los pequeños invitados caven para encontrarlos. Si no dispones de una caja de arena, utiliza una caja no muy profunda o una caja llena de cacahuetes. Observa a los niños cuidadosamente para asegurarte de que no se metan en la boca ni un grano de tierra o cacahuete.
- Seguir el rastro: Recorta huellas de dinosaurios y espárcelas por toda la casa. Coloca un producto Barney cada pocos metros para que los be-

EL PASTEL HUEVO DE BARNEY

1. Hornea un bizcocho circular; deja que se enfríe.
2. Corta el pastel en zigzag por la mitad, para que parezca un huevo cascado. Separa unos centímetros las dos mitades.
3. Cubre el pastel con azúcar glaseado de color blanco.
4. Coloca un Barney pequeño entre las dos mitades, como si acabara de nacer. Esparce diminutos Barneys alrededor de la base del pastel.

bés puedan descubrirlos. Haz que sigan las huellas hasta tesoros escondidos.

ACTIVIDADES

- Huevos de dinosaurio sorpresa: Compra huevos de plástico de tamaño mediano. Llénalos con monigotes de dinosaurio, golosinas en forma de dinosaurio o galletas en forma de dinosaurio. Cierra los huevos y dáselos a los niños para que los decoren con adhesivos.

Después, haz que abran los huevos y descubran la sorpresa.

- ¡Barney vive! Contrata a un actor disfrazado de Barney para darles una sorpresa. También puedes comprar el disfraz de Barney en una tienda de disfraces y dar la sorpresa tú misma.

COMIDA

- Confecciona huevos de dinosaurios de colores: Hierve huevos y déjalos enfriar. Compra colorante alimentario y deja que los niños coloreen los huevos. Después, dales adhesivos para que los decoren. Cuando hayan terminado deberán cascar y comer los huevos. Supervísalos para comprobar que nadie se come un trozo de cáscara. Ten preparados algunos huevos listos para comer por si tus invitados no quieren romper los huevos.
- Sirve bocadillos de Barney: Corta queso y pan en forma de dinosaurio con la ayuda de un molde para galletas de la misma forma. Prepara los bocadillos y dáselos a los hambrientos comedores de dinosaurios.

OBSEQUIOS

- Los niños deben volver a sus casas con algo relacionado con Barney: monigotes, cuentos, fotografías, pósteres, adhesivos, sombreros, etc.
- Deja que los niños se queden los productos de Barney que hayan encontrado mientras jugaban.

VARIACIONES

- Mirad un vídeo de Barney o escuchad música de Barney.

IDEAS ÚTILES

- Asegúrate de tener suficientes muñecos Barney para todos.
- Evita los juguetes pequeños o con partes muy pequeñas, para prevenir que los niños se los metan en la boca.

FIESTA DE LA PLAYA

Celebra una fiesta de la playa en el jardín, con sol, arena y diversión acuática.

INVITACIONES

- Boyas y gaviotas: Fotocopia una fotografía de tu bebé y recórtala en forma de círculo. Dobla una hoja de papel blanca de manera que parezca una tarjeta y engancha la fotografía en la parte delantera. Pega un cordón alrededor de la tarjeta; de este modo, el bebé estará dentro de una boya. Dibuja o engancha fotografías de gaviotas. En la parte posterior de la tarjeta, escribe: «Estás invitado a la fiesta de la playa, de las boyas y de las gaviotas». En la parte interior, escribe los detalles del acontecimiento.
- Tarjetas postales: Compra tarjetas postales en las que aparezcan fotografías de playas. Escribe los detalles del evento en la parte izquierda de la tarjeta y las señas del invitado en la derecha. Envíalas por correo.

DECORACIÓN

- Coloca una piscina de arena y decórala con cintas de papel de crepé.
- Llena una piscina infantil con agua tibia.
- Recorta un pez gigante hecho con cartulina o de un póster y cuélgalo en la valla del jardín a la altura de los bebés.
- Añade cintas de papel de crepé azul por toda la valla para simular las olas del mar.

- Extiende una toalla playera encima de la mesa del jardín a modo de mantel y ponle conchas encima.
- Proporciónales palas y cubos, pelotas de playa y otros juguetes playeros.

DISFRACES

- Pide a los pequeños invitados que vengan vestidos en traje de baño, que traigan albornoces y ropa de recambio.

JUEGOS

- ¡No os mojéis! Coloca aspersores y deja que los niños pasen cerca de ellos sin mojarse. Pon en marcha y detén los aparatos mientras los niños van corriendo de un lado a otro.
- Globos de agua: Llena unos cuantos globos con agua. Alinea a tus invitados y haz que intenten pasarse los globos. Si se rompen, ¡los niños se mojan! A continuación, permite que les lancen los globos a los padres e intenten empaparles.
- Pájaro atomizador: Compra una botella con atomizador para cada invitado. Dibújale ojos y utiliza el pulverizador para simular el pico. Deja que los niños cubran las botellas con adhesivos y llénalas de agua. Ahora ya pueden lanzar chorros de agua.
- Serpiente acuática: Pon la manguera en marcha y muévela sinuosamente por un área determinada. Los niños deben correr cerca del agua sin mojarse.
- Saltar el agua: Pon la manguera en marcha y sujétala a unos centímetros del suelo. Los niños se turnarán saltando por encima del agua. Incrementa la altura del salto. Ten la precaución de tener ayuda de otros padres por si algún bebé se cae.

ACTIVIDADES

- Construir un castillo de arena: Mete a los bebés dentro de la «piscina» de arena y hazles construir un castillo de arena. Proporciónales cubos de plástico pequeños para humedecer y moldear la arena y muéstrales cómo deben hacer el castillo.
- Caza de pelotas de playa: Compra una pelota de playa para cada invitado. A continuación, confecciona obsequios para que se los lleven a sus casas. Coloca a los niños en círculo mirando hacia el interior. Pon todas las pelotas en el centro. Cuenta hasta tres y haz que los pe-

PASTEL PLAYERO

1. Hornea un bizcocho y deja que se enfríe.
2. Escarce azúcar glaseado azul en la mitad del pastel.
3. La otra mitad, cúbrela con azúcar glaseado de color marrón y chocolate simulando la arena.
4. Construye un castillo de arena con terrones de azúcar moreno.
5. Añade tiburones de plástico asomándose por el agua.

queños corran hacia el centro para intentar coger una pelota.

- Coge la pelota: Coloca a los niños formando un círculo. Dale a uno de los niños una pelota de playa y dile que se la lance al niño que esté a su lado. Deben dar toda la vuelta una vez; después, puedes añadir otra pelota para mayor diversión.
- El tesoro escondido: Entierra juguetes en la arena y anima a los niños a buscarlos.
- Jugar en la arena: Dales a los invitados palas, cubos, cucharas, vasos, jarras, coladores, cocteleras y otros objetos para disfrutar de la arena y simplemente deja que se diviertan.
- Pescar: Confecciona cañas de pescar con palos pequeños con cuerdas atadas en uno de sus extremos. Ata un imán en el otro extremo

de la cuerda. Coloca juguetes atados a imanes dentro de la piscina infantil e invita a cada niño a pescar un juguete.

COMIDA

- Sirve hormigas en la arena: Tritura galletas de harina hasta obtener una consistencia arenosa. Viértelas en bolsas pequeñas, llenándolas hasta la mitad. Añade un dado de virutas de chocolate en cada bolsa. Dales las bolsas a los niños y deja que se coman la arena con los dedos. Es mejor que se lo coman al aire libre.

- Deja que coman de una pecera. Consigue una pecera, o un recipiente transparente. Elabora gelatina verde o azul y viértela en el recipiente. Añade peces de gominola a la gelatina y métela en el frigorífico. También puedes hacer vasitos individuales para cada invitado.

- Elabora tus propios helados arco iris: Prepara líquido para polos rojo y viértelo en pequeños vasos de papel, hasta un tercio de su capacidad. Cubre los vasos con papel de aluminio y pincha un palo en el centro de cada uno. Introdúcelos en el congelador hasta que estén hechos. Llena los vasos hasta dos tercios de su capacidad con líquido amarillo. Deja que se congele. Finalmente, prepara líquido verde o azul y acaba de llenar los vasos. Cuando esta última capa esté lista para comer, quítales el papel y ofrece los helados a los bebés.

OBSEQUIOS

- Manda a los niños a sus casas con juguetes de agua, de arena, gafas de sol de plástico, toallas pequeñas. Conchas marinas o bien pelotas playeras.

VARIACIONES

- Id a la playa. Asegúrate de que vengan todos los padres para vigilar a los bebés.
- Mirad el vídeo *La Sirenita*.

IDEAS ÚTILES

- Unta a los bebés con crema protectora solar varias veces durante la fiesta.
- El suelo no debe resbalar en ningún momento.
- VIGILA A LOS NIÑOS CON ATENCIÓN mientras juegan con el agua y la arena. Para más seguridad, cerciórate de tener ayuda suficiente.

FIESTA DEL CIRCO

¡Deja que los bebés disfruten simulando ser payasos del circo!

INVITACIONES

- Caras de payasos: Escribe los detalles de la fiesta en el dorso de un plato de plástico blanco. Fotocopia el rostro de un payaso y pégalo en la cara del plato. También puedes dibujar tú misma el payaso utilizando como modelo una fotografía de uno. Con la ayuda de un rotulador, añade una boca divertida, unos ojos muy abiertos y otros detalles del rostro como pecas o mejillas sonrosadas. Engancha cabellos hechos con hilo en la parte superior y una pajarita en la inferior. A continuación, encola un pompón colorado en medio de la cara para simular la nariz. Mándalo empaquetado por correo.

DECORACIONES

- Planta una tienda circense: Cuelga cintas de papel de crepé desde el centro del techo hasta las esquinas, en forma de pirámide. Deja que las cintas pendan de las paredes.
- Adhiere pósteres de animales en las paredes a la altura de los ojos de los niños.

- Coloca tres aros para crear un escenario con tres anillas.
- Recorta dos cajas grandes hasta formar dos jaulas y píntalas con colores brillantes, o cúbrelas con papel de envolver regalos con dibujos de animales o con una tela con este mismo estampado. Pon la jaula en la estancia donde se vaya a celebrar la fiesta de cumpleaños y instala animales de peluche en su interior.
- Decora la mesa con payasos de juguete, pequeños animales de circo de plástico y un pastel carrusel.
- ¡Que suene una marcha en el jardín!

DISFRACES

- Confecciona, alquila o compra accesorios de payaso como unos grandes zapatos, narices encarnadas, pajaritas, pelucas de color amarillo o naranja y guantes blancos. Ofrécelos a los invitados cuando lleguen. Puedes encontrar este tipo de complementos en las tiendas de disfraces o en tiendas especializadas en artículos para fiestas.

JUEGOS

- Sacude la nariz del payaso: Consigue una caja de cartón grande y pinta la parte delantera para que parezca una cara de payaso. Recorta los ojos, la nariz y la boca (haz agujeros grandes); coloca la caja en medio de la estancia donde se vaya a celebrar la fiesta. Proporciona a los niños cojines o pelotas para que las lancen en dirección a la cara del payaso e intenten introducirlas por los agujeros de la boca, los ojos y la nariz.

- Derriba a los animales: Ordena en fila animales de peluche encima de la mesa. Haz que tus invitados hagan turnos haciendo rodar una bola hacia los animales. Si un jugador derriba un animal, se lo queda, y cede el turno al jugador siguiente. Deja que sigan jugando hasta que cada uno de los invitados consiga un peluche.

- Imita al payaso: Logra que un adulto se disfrace de payaso y convierte todas las caras de los bebés en caras de payaso.

- Máscaras de animales: Compra hojas de espuma artesana de diferentes colores (negro, marrón, canela, gris, etc.). Corta la espuma en forma de círculos del tamaño de la cara de un bebé y surca agujeros en la boca y los ojos. Grapa o encola una gomita en cada lado, para poder atar la máscara detrás de la cabeza. Consigue caras de payaso de pósteres, calendarios, libros y revistas. Cópialos y recorta los ojos, las narices, las bocas y las orejas de los animales. Deja que los niños los enganchen en los agujeros para crear rostros animales. Haz que tus invitados se pongan las máscaras y jueguen a ser animales. ¡No te olvides de tomar fotografías!

- Malabarismos: Contrata a un malabarista para que haga malabares en la fiesta. Otra buena opción consiste en contratar a un payaso-mago para la fiesta.

MAGDALENAS DE PAYASO

1. Hornea magdalenas y deja que se enfríen.
2. Retira el papel de horno de las magdalenas.
3. Limpia el papel de hornear las magdalenas y aplástalo. Coloca las magdalenas en medio.
4. Espolvorea las magdalenas con azúcar glaseado blanco; las magdalenas, ahora blancas, representarán las caras de los payasos, y los moldes aplastados serán los graciosos cuellos de sus camisas.
5. Decora las caras de las magdalenas-payasos con pasta comestible de colores para pastelería.

- Globos de animales: Contrata a una persona para que les haga a los niños globos de animales.
- Acrobacias: Logra que los niños realicen pequeñas proezas, como sal-

CUCURUCHOS DE PAYASO

1. Llena con bolas de helado tantas galletas de cucurucho como invitados tengáis. Colócalos boca abajo encima de moldes para magdalenas aplastados. Los conos representan sombreros, y las bolas de helado, las caras.
2. Añade los detalles del rostro con pasta comestible de colores para pastelería.

tos mortales, la cuerda floja (en un banco o en una cinta pegada al suelo), la vertical, un paseo animal o saltos dentro de los aros. Filma las acrobacias y reprodúcelas para vuestros invitados.

COMIDA

- Prepara bocadillos de elefante y de mono para tus hambrientos payasitos con manteca de cacahuete (o nocilla si no tienes) y plátano. Sírvelos con chocolate a la taza.
- Sirve bastoncitos de mono: Pincha plátanos con palos de helado, congélalos y luego sírvelos. Si lo prefieres, úntalos con manteca de cacahuete y pégales arroz inflado.
- Elabora o compra rosquillas gigantes de pan y sírvelas con queso fundido o catsup. También puedes convertir la elaboración de las rosquillas en una actividad más de la fiesta; prepara la masa y anima a los invitados a moldearla en la forma que más les agrade; a continuación, hornéalas, déjalas enfriar y sírvelas.

OBSEQUIOS

- Manda a los niños a sus casas con pequeños payasos de juguete y animales circenses de plástico.

- Introduce pequeños juguetes dentro de globos deshinchados. Ínflalos y dáselos a los niños al irse.
- Proporciónales accesorios de bufón, como narices rojas, pajaritas, sombreros, zapatones y guantes.
- Llena bolsas con juguetes pequeños, caramelos y cuentos del circo. Engancha en ellas grandes narices de payaso con una etiqueta donde ponga el nombre de cada invitado.

VARIACIONES

- Lleva a los niños a un circo local, a un carnaval o a una feria. Asegúrate de contar con suficiente supervisión adulta.

IDEAS ÚTILES

- El papel de crepé funciona de maravilla cuando se quiere crear una atmósfera circense.
- Algunos bebés tienen miedo de los payasos, así es que lo prudente es introducirlos despacito. Si lo crees necesario, pide al payaso que se quite la peluca, la nariz y los otros complementos que lleve, para demostrar a los bebés que esta extraña criatura es en realidad una persona de carne y hueso.

FIESTA DE GLOBOS Y BURBUJAS

Para los bebés, las burbujas y los globos son mágicos. Organiza una fiesta con muchos ¡pum!

INVITACIONES

- Hinchar globos: Dibuja un rostro gracioso en una cara de un globo hinchado. Escribe los detalles de la fiesta en el lado opuesto con un rotulador permanente. Deshincha el globo, métleo en un sobre y mándalo a los invitados. Cada uno deberá inflar el globo para poder leer la invitación y ver la cara divertida.
- Buqué de globos: Corta pequeños círculos de cartulinas de diferentes colores. Une todos los círculos, solapándolos ligeramente para formar un ramillete de globos. Engancha cintas de goma de colores a la base de cada «globo». Escribe los detalles de la fiesta en la parte posterior de los círculos y envíalos por correo en sobres grandes.
- Compra paquetes pequeños de espuma de baño. Escribe los detalles de la fiesta en un pequeño papel y pégalo en el dorso del paquete de burbujas. Envíalos.

DECORACIÓN

- Llena el techo de globos de helio.
- Infla algunos globos, frótalos contra tu camiseta o contra el pelo y a continuación adhiérelos a las paredes. Otra opción consiste en utilizar cinta adhesiva de doble cara.
- Recorta globos gigantes de cartulinas de colores y cuélgalos en las

convidado escrito en cada uno de ellos.

- Confecciona un ramillete de globos auténticos para utilizarlo como centro de mesa.

DISFRACES

- Ata un globo de helio a la espalda de cada bebé para que le siga a todas partes. Procura que la cuerda sea corta para evitar que se arme un lío.
- Dibuja globos o burbujas en los rostros de los niños con pinturas aptas para la piel.
- Elabora camisetas pintadas con globos y burbujas.

JUEGOS

- Pincha las burbujas: Logra que varios padres soplen para realizar burbujas. Los invitados deberán pincharlas. Intentad hacer burbujas muy grandes y permitid que los pequeños hagan turnos al pincharlas.
- Coge el globo: Infla algunos globos, lánzalos al aire e intenta que los niños los cojan.
- Adivina el animal del globo: Contrata a un mago para que realice animales con globos. Los niños deben adivinar de qué animal se trata antes de que termine.

paredes a la altura de los ojos de los bebés.

- Haz que alguien sople burbujas para dar la bienvenida a los invitados a medida que vayan llegando a la fiesta.
- Alquila un aparato para hacer burbujas y colócalo encima de la mesa para que el ambiente esté lleno de ellas durante el transcurso del evento.
- Recorta globos de colores y ponlos encima de la mesa a modo de salvamanteles, con el nombre de cada

- Globos pegajosos: Utiliza cinta adhesiva de doble cara y pega un globo en la espalda de cada bebé. Deja que los bebés intenten tomar los globos de los demás niños.
- Caza el globo: Ata una cuerda larga a un globo y colócalo en el suelo en medio de la estancia donde se celebra la fiesta. Coge la cuerda y vete a otra habitación. Tira del globo poco a poco e invita a los bebés a que lo atrapen.

ACTIVIDADES

- Burbujas gigantes: Compra solución para burbujas (o componla tu misma con detergente lavavajillas) y viértela dentro de un cubo de grandes dimensiones. Prepara sopladores para burbujas gigantes y deja que los niños hagan sus propias superburbujas

- Caras en los globos: Proporciona a cada niño un globo y un rotulador, y deja que cada uno dibuje caras divertidas en sus globos. Dibuja y recorta pies de cartulina y pégalos en las bases de los globos de manera que las caras se puedan sostener de pie cuando estén listas.

- Pintar burbujas: Vierte un poco de pintura en un vaso pequeño. Añade una pajita. Enseña a los niños cómo soplar (no aspirar) a través de la pajita. A continuación, deja que soplen en el vaso de pintura y veréis como se forman millones de burbujas. Una vez que las burbujas

PASTEL GLOBO

1. Sigue tu receta favorita para elaborar un pastel circular. Si lo deseas, hornéalo en un recipiente en forma de bol; de esta manera, cuando lo desmoldes tendrá forma de globo.
2. Cúbrelo con azúcar glaseado del color que desees.
3. Decóralo con globos de plástico alrededor y encima.

hayan ascendido hasta el borde del vaso, captúralas con un papel de color blanco. Las burbujas reventarán al tocar el papel dejando hermosos círculos de colores. Cambia de sopladores y de colores para obtener un diseño multicolor.

COMIDA

- Prepara galletas de globos con regaliz: Realiza masa azucarada para galletas y divídela en tres partes. Tinta una parte de color rojo, otra de azul y la restante de amarillo. Aplana la masa y córtala en forma de globos con la ayuda de un vaso. Hornea y deja enfriar las galletas. Cuando estén listas, ata un palito de regaliz en cada base de las galletas utilizando un poco de masa pastelera como «pegamento».
- Sirve bebidas gaseosas con pajitas graciosas para que sea más divertido.
- Ofrece a tus invitados bocadillos de globo: Acude a una panadería para que te tinten una barra de pan de color rosa y otra de color azul. Rebana el pan. Para la preparación de los bocadillos, coge una rebanada de cada color y pon de relleno mantequilla y mermelada, queso y salchicha, o atún.

OBSEQUIOS

- Manda a los niños a sus casas con sus propios globos.
- Dales un poco de preparado para burbujas para que se lo lleven a sus casas.
- Deja que se queden sus globos de animales.

VARIACIONES

- Contrata a un payaso de globos o a un mago para que entretenga a los niños.

IDEAS ÚTILES

- Si habías planeado centrar la fiesta en las burbujas, quizá prefieras celebrarla al aire libre. Si es así, asegúrate de atar bien los globos de helio para que no salgan volando, pues son muy contaminantes.
- Asegúrate de vigilar mucho a los niños para que no les explote un globo en la cara y se hagan daño. Si algún globo se revienta, recoge inmediatamente todas las piezas.
- Pide ayuda a los demás padres por si algún niño se asusta con el estallido de algún globo.

FIESTA DE LA CONSTRUCCIÓN

Mantén sus manitas creativamente ocupadas en la Fiesta de la Construcción. Todo lo que necesitas son unos cuantos juguetes de construcción para la creación de todo un mundo nuevo.

INVITACIONES

- Bloques para construcción: Recorta y confecciona cubos con cartulina de diferentes colores. En la parte delantera de cada cubo escribe: «Ven» «a la» «Fiesta» «de» «la» «construcción». Escribe también los detalles de la fiesta en la parte trasera de cada cubo. Envía los seis cubos juntos a cada invitado, de esa forma los padres y los invitados deberán construir la invitación antes de poder leerla.

- Una invitación con Lego: Recorta fotografías de Lego de catálogos y pégalas en la parte interior de un papel doblado por la mitad. Escribe los detalles del acontecimiento en el interior. Ata un bloque de Lego y manda la invitación.

DECORACIÓN

- Recorta piezas para hacer cubos con cartulinas de diversos colores.

Escribe el nombre de un invitado en cada cubo. Engánchalos a la pared a la altura de los niños.

- Coloca materiales de construcción como Lego, trozos de madera (con los cantos limados), juguetes de hojalata, piezas de cerda, etc.
- Construye edificios pequeños con Lego en el centro de la mesa.
- Confecciona con cartulina tapetes personales con dibujos relativos al mundo de la construcción.

quién realiza la torre más alta, ¡antes de que se derrumbe!

- Carrera de obstáculos: Realiza cubos de cartón de tamaño mediano y píntalos de diferentes colores o cúbrelos con papel de envolver regalos. Prepara una carrera de obstáculos y anima a los niños a saltar por encima de los cubos, bordearlos, gatear por debajo de ellos, etc.
- Castillo: Reúne cosas que se puedan apilar como envases de comida de plástico, latas, cajas de cereales, rulos de papel higiénico, etc. Los niños deberán hacer turnos y colocar las piezas una encima de la otra, hasta que el castillo se derrumbe.
- Edificio: Agrupa materiales para la construcción de los vecinos o de los padres de los invitados y colócalos en el centro de la estancia. Deja que los bebés construyan lo que les apetezca con los materiales.

ACTIVIDADES

- Crear y adivinar: Haz que los niños creen algo utilizando los materiales para construcción. Cuando hayan terminado, deben adivinar lo que han hecho.
- Ladrillos de envases de leche: Haz que los niños hagan sus propios la-

DISFRACES

- Recorta un fieltro de diferentes formas y engánchalas en las camisetas de los niños con una aguja imperdible.
- Confecciona sombreros cuadrados cubiertos con papeles de colores.

JUEGOS

- Carreras de bloques de construcción: Divide a los invitados en dos grupos y haz que compitan para ver

drillos con envases de leche. Pide a los padres que guarden los cartones de leche, los limpien y te los den el día de la fiesta. Reúne los cartones, córtalos para que que-

PASTEL DE CONSTRUCCIÓN

1. Sigue tu receta favorita para elaborar un pastel cuadrado; deja que se enfríe.
2. Cúbrelo con azúcar glaseado. Esparce azúcar glaseado de un color que contraste con el blanco en los bordes.
3. Utiliza *petits fours* para simular bloques. Realiza un diseño o un edificio en la cumbre del pastel.

o bien:

1. Corta el pastel cuadrado en diversos pasteles más pequeños y congélalos para que sea más sencillo cubrirlos de azúcar glaseado.
2. Deja que los invitados decoren el pastel con azúcar glaseado y otros adornos.

o bien:

1. Hornea tres pasteles cuadrados; deja que se enfríen.

den cuadrados y coloca un cartón dentro de otro (lado abierto contra lado abierto) para formar un ladrillo. Deja que los invitados decoren los cartones con recortes de revistas, papeles y papel maché. A continuación, invítales a jugar con los

2. Corta uno de los pasteles unos centímetros más pequeño y el tercero un poco más pequeño todavía. De este modo tendrás tres pasteles de diferentes tamaños.
3. Colócalos uno encima del otro, con el más pequeño en la parte superior.
4. Glasea cada pastel de un color distinto.

nuevos materiales y permite que se los lleven a su casa.

- Construir una ciudad: Pide a los padres que traigan a la fiesta algunos de los materiales de construcción que tengan sus hijos. Colócalos en el centro de la estancia y deja que los niños trabajen en la creación de una ciudad.
- Diseño con bloques: Corta cartulina de diferentes formas y colores. Dale a cada niño un papel en blanco y pon las figuras en la mesa. Deja que los niños peguen las figuras en el papel para hacer diseños, edificios o lo que deseen.

COMIDA

- Elabora galletas y deja que los niños las glaseen con azúcar antes de que se las coman.
- Corta pan a cuadrados, rectángulos, triángulos y círculos. Rellena los bocadillos con la comida preferida de los niños.
- Compra galletas saladas cuadradas. Corta queso a cuadraditos. Realiza una torre de galletas y queso y sírvesela a los niños. Deja que jueguen con la comida y hagan sus propias creaciones antes de comérsela.
- Haz construcciones con apio y zanahoria: Corta las zanahorias en círculos y el apio en pedazos pequeños. Ponlos encima de la mesa y deja que los invitados hagan sus diseños. Después deja que unten las verduras en cremas y se las coman.

OBSEQUIOS

- Dales a los niños pequeños paquetes de Lego y otros materiales de construcción de juguete.
- Regálales cuentos baratos que tengan distintas formas.

VARIACIONES

- Fabrica bloques de construcción llenando bolsas de papel con periódicos arrugados y pegando las aberturas en plano. Luego podéis decorarlos para que parezcan edificios. Al ser ligeros y grandes, resultan seguros para los bebés.

IDEAS ÚTILES

- Procura que los materiales que utilices para la fiesta tengan un tamaño que no comporte peligro alguno para los niños, es decir, que no se lo puedan tragar.
- Asegúrate de proporcionar a cada niño muchos materiales por si no quisieran compartir.

FIESTA DE LAS MUÑECAS Y DEL TÉ

Invita a los niños a la fiesta de las muñecas y del té. Confecciona todas las cosas también en miniatura de manera que las muñecas puedan participar a su vez de la diversión.

INVITACIONES

- Muñecas de papel: Compra muñecas de papel y recórtalas. Escribe los detalles de la fiesta en la espalda de la muñeca. Asegúrate de pedir a los niños que traigan sus propias muñecas a la fiesta.
- Paquetes de té: Compra paquetes de té decorativos para los padres. Escribe los detalles en una tarjeta pequeña y pégala en los paquetes de té.
- Collage: Recorta fotografías de muñecas y de utensilios para el té y pégalas en un papel doblado por la mitad a modo de collage. Escribe los detalles de la fiesta en la parte interior.

DECORACIÓN

- Coloca todas las mesas juntas en el centro de la estancia donde se vaya a celebrar la fiesta y cúbrelas con tapetes que tengan dibujos de juguetes o muñecas. Pon sillas pequeñas alrededor de las mesas.
- Coloca muñecas por toda la habitación y encima de las mesas.
- Dispón juegos de té encima de las mesas.
- Corta fotografías o dibujos de muñecas y pégalos en la pared a la altura de los niños.

DISFRACES

- Advierte a los invitados que deben vestirse con sus mejores trajes para asistir a la fiesta del té, o diles que se vistan como sus muñecas, utilizando papel de crepé de colores.

- Confecciona elegantes sombreros para las cabecitas de los invitados. También puedes comprarlos en una tienda de disfraces o en un almacén de artículos de fiesta.

JUEGOS

- Adivina la galleta: Trocea galletas de distintas variedades y repártelas en envases diferentes. Haz que los niños cierren los ojos, cojan una galleta al azar, la prueben e intenten adivinar de qué galleta se trata.

- ¿Qué le ha pasado a la muñeca? Saca las muñecas de la habitación y cámbiales el peinado, la ropa, la bisutería, los zapatos, etc. Vuelve a entrar en la estancia con las muñecas y deja que los bebés adivinen qué es lo que ha cambiado en ellas.

- Mesa loca: Pon la mesa para la fiesta del té y haz que los niños la observen con atención. A continuación, haz salir a los niños de la habitación durante unos minutos. Mientras están fuera, haz cosas locas en la mesa (un vaso boca abajo, cambia un plato por un barco,

PASTEL DE MUÑEQUITA

1. Hornea masa para bizcocho en un recipiente en forma de bol siguiendo las instrucciones del paquete. Deja que se enfríe y desmóldalo.

2. Introduce una muñeca tipo Barbie en medio del pastel.

3. Utiliza pasta de colores de pastelería para cubrir el busto de la muñeca y decora el resto del pastel para que quede un vestido bonito.

4. Añade adornos hechos con pasta de pastelería de colores para que el vestido tenga más detalles.

tumba los cubiertos, etc.). Deja que los niños entren de nuevo e intenten adivinar qué es lo que ha cambiado.

ACTIVIDADES

- Decorar galletas: Hornea una bandeja de galletas. Colócalas en la mesa. Dispón azúcar glaseado, pasta de colores, caramelos, etc. Deja que los niños decoren las galletas. Puedes hacer lo mismo con magdalenas. A las pastas puedes llamarlas pastas de té.

- Vestir muñecas: Proporciona a los invitados un montón de ropa de muñecas y permite que vistan a sus pequeñas amiguitas. También puedes darles papel de crepé y dejar que los niños confeccionen sus propios diseños.
- Disfrazarse: Dales diversos disfraces y material para disfrazarse (sombreros, guantes, botas, zapatos de tacón, pantalones de terciopelo, etc). Pon toda la ropa en una caja grande y deja que se disfracen.
- Tapetes: Saca una fotografía tipo polaroid de cada bebé. Da a cada niño una muñeca de papel. Los niños deberán pegar su fotografía en el centro de su muñeca y decorar el contorno con rotuladores de colores. Cubre los tapetes con papel transparente para protegerlos y coloca los platos encima.

COMIDA

- Una vez que los niños hayan decorado sus galletas, deja que se las coman.

- Dales un trozo de pan sin corteza a cada uno. Vierte colorante alimentario en cuencos pequeños. Proporciónales pinceles pequeños. Deja que los invitados pinten el pan y hagan sus creaciones. Cuando hayan terminado, tuesta ligeramente el pan, corta cada rebanada en cuatro trozos y elabora bocadillos para el té con el relleno favorito de los niños.
- Vierte té aromatizado con frutas en las tazas y sírvelo con rodajas de naranja o trozos de menta.

OBSEQUIOS

- Compra muñecas pequeñas y baratas.
- Dales a los niños comida y un juego de té de juguete.

VARIACIONES

- Celebra una fiesta especial del té en una sala para banquetes en un restaurante local.

IDEAS ÚTILES

- Coloca un hule de plástico en el suelo para protegerlo, especialmente si la mesa está en una habitación enmoquetada.

FIESTA DEL AÑO

Este tipo de fiesta se caracteriza por los aspectos más notables de la vida del niño en el último año. Se trata de una magnífica fiesta para disfrutar en compañía de amigos y familiares en el primer aniversario del niño. ¡Cómo pasa el tiempo!

INVITACIONES

- La primera foto del bebé: Fotocopia la primera fotografía que tengas del bebé y úsala como invitación. En la parte interior escribe los detalles de la fiesta bajo el título: «Estadística Vital». Corta trozos de papel blanco para simular vendas de hospital y escribe el nombre y la fecha de nacimiento del niño con un rotulador permanente.

- Certificado de nacimiento del bebé: Realiza su certificado de nacimiento utilizando el ordenador. Coge un certificado real para usarlo de muestra. Escribe los datos vitales más significativos de tu hijo y añade los detalles de la fiesta. Imprímelo en papel de pergamino, enróllalo y envíalo dentro de un rulo de papel higiénico previamente pintado de colores.

DECORACIÓN

- Selecciona fotografías y recuerdos del último año de vida de tu bebé. Pégalos en cartulinas de diferentes colores y engánchalos en las paredes por orden cronológico (pero sin fechas).

- Cuelga en la puerta un cartel que diga: «Es un niño/una niña» para dar la bienvenida a los invitados.

- Coloca los juguetes favoritos del bebé en medio de la mesa de la fiesta como centro de mesa.

JUEGOS

- ¿Conocéis al bebé? Utilizando como guía los dibujos de las paredes, intenta que los invitados los relacionen con fechas específicas. Haz lo mismo con los momentos importantes del año y comprueba si pueden adivinar cuándo le salió el primer diente, dijo la primera palabra, utilizó por primera vez el baño, etc. Formula preguntas acerca de tu bebé: ¿Cuánto pesó al nacer? ¿Cuál es su segundo nombre? ¿A quién nombró primero? ¿A qué hora nació? ¿Quién fue su médico?

- Adivinar el peso del niño: Con cuidado, pasaros el niño de invitado a invitado y probad de adivinar cuánto pesa. Pesadlo y asignad un premio al ganador.

- El bebé puede: Muchas personas no son conscientes de lo que puede hacer un bebé o no. Escribe una lista de cosas que tu bebé puede hacer, como tocarse la nariz, comer con cuchara, ponerse los zapatos, etc, y añade algunas cosas que todavía no pueda hacer, como cepillarse los dientes, recitar el abecedario, comerse una zanahoria. Intenta que tus invitados adivinen qué tareas sí puede hacer tu bebé.

- Pon la música favorita del bebé en el jardín.
- Crea símbolos de los momentos importantes de tu bebé, como el primer diente, el primer corte de pelo, su primer día de guardería, etc.

DISFRACES

- Viste al niño con su traje favorito.

- Probar comida de bebé: Compra una gran variedad de comida para bebé. Cubre las jarras con papel de aluminio. Dale a cada participante un plato de plástico. Cuando todo el mundo esté servido, cada uno deberá probar la comida e intentar adivinar de qué se trata. A continuación, muestra las etiquetas para ver quién ha ganado.

PASTEL CON CERTIFICADO DE NACIMIENTO

1. Sigue tu receta favorita para elaborar un pastel. Deja que se enfríe.
2. Cubre el pastel con azúcar glaseado blanco.
3. Utiliza pasta de colores pastelera para escribir los datos básicos: el nombre del bebé, los nombres de los padres, la fecha y lugar de nacimiento, etc.
4. Decora el pastel con muñequitos de plástico, piezas de Lego, cascabeles, mordedores, etc.

- Artilugios de bebé: Consigue algunos instrumentos de bebé que la mayoría de la gente no suele conocer, como peras de goma para la nariz, un termómetro de papel, medicación por si se tragan algo, mordedores, etc. Pasaros los objetos de uno en uno, y haz que los padres escriban lo que creen que es o para qué sirve. Cuando todos los objetos hayan sido identificados, deja que los invitados lean sus respuestas. Algunas serán muy divertidas. Después de escuchar todos los intentos de adivinar, explica el verdadero uso de los aparatos.

ACTIVIDADES

- La cápsula del tiempo del bebé: Haz que todo el mundo traiga algo que represente un momento significativo o importante en la vida del bebé, como una foto de un pariente, un poema de sus primeros pasos, un juguete con el que ya no juegue, o simplemente un recuerdo escrito en un papel. Coloca todos los objetos en un recipiente. A continuación, coloca el recipiente en una caja cerrada y entiérralo en el jardín para que tu hijo lo abra cuando tenga veintiún años.
- Retrato del bebé: Reparte papel y lápices para dibujar. Haz que cada invitado dibuje un retrato del bebé. También podéis hacer caricaturas para que las guarde.

COMIDA

- Sirve la comida favorita de tu bebé: minipizzas, espagueti, queso, galletas, salsa de manzana, etc. Colócalo en platos de bebé.
- Elabora bocadillos de pan tintado del color favorito de tu hijo, o corta los bocadillos en sus formas preferidas.

OBSEQUIOS

- Sacad fotografías del tipo polaroid del bebé contigo. Confeccionad marcos de cartón y deja que los invitados los decoren con papel, adhesivos o papeles de colores. Saca una fotografía de cada uno de los invitados con el niño en brazos. Regálales la fotografía en el marco como recuerdo.

VARIACIONES

- Contrata a un fotógrafo profesional para que saque fotos del grupo y de cada uno de los invitados con tu bebé.

IDEAS ÚTILES

- Pide ayuda a tus invitados: diles que intenten recordar cosas y momentos de tu bebé mientras tú planeas la fiesta.

FIESTA DE LA ARTESANÍA

Los niños empiezan a desarrollar habilidades artísticas a muy temprana edad. Dales la oportunidad de ser artesanos de su propia creatividad y de divertirse en la Fiesta de la Artesanía.

INVITACIONES

- Invitación patrón: Confecciona un patrón o compra uno en una tienda de artesanía. Dobla un trozo de papel blanco por la mitad y señala el diseño en la parte delantera. Escribe la información sobre la fiesta en el interior. El diseño debe ser simple. Incluye un paquete de tizas de colores dentro del paquete y la invitación; de esta forma, el invitado podrá colorear la invitación en cuanto la reciba.
- Plumas mágicas: Utilizando tinta invisible, haz un dibujo en el centro de una hoja en blanco. Con una pluma normal, escribe en el contorno los detalles de la fiesta y las instrucciones para colorear el diseño escondido. Incluye un bolígrafo que revele la tinta invisible.

DECORACIÓN

- Prepara una habitación para arte y artesanía; cubre el suelo con plástico o periódicos. También puedes celebrar la fiesta al aire libre. Proporciónales mesas, sillas grandes hojas de papel blanco para crear arte y artesanía. Dales también materiales de artesanía como rotuladores, tijeras de punta roma, pegamento, pedazos de tejidos, adhesivos, papeles de colores, etc.
- Cuelga sus creaciones en la pared a la altura de los niños.
- Decora la mesa de la fiesta con utensilios artísticos.

- Elabora tapetes que parezcan una paleta de pintor.

DISFRACES

- Dales batas hechas con camisas blancas viejas pintadas con rotulador o pintura.

JUEGOS

- Diseños de plastilina: Dales plastilina o arcilla y deja que la moldeen a su gusto. Cuando todo el mundo haya terminado, intentad adivinar qué objeto se supone que representa cada creación.

- Pintar con canicas: Dales a cada uno una canica y la tapa de una caja de zapatos forrada con papel blanco. Distribuye cuencos de témpera líquida y cucharitas de plástico. Di a los invitados que echen la canica en la pintura, la recojan con una cuchara y la dejen caer con cuidado en la tapa. Luego deberán cerrar los ojos y hacerla rodar por el papel, que quedará cubierto de líneas entrecruzadas. Por último, di que abran los ojos y digan qué les recuerda su dibujo.

ACTIVIDADES

- Pintarse los dedos con pudín: Se trata de un modo divertido, seguro y sabroso de pintarse los dedos. Prepara pudines instantáneos de chocolate y vainilla siguiendo las instrucciones del paquete. Divide el pudín de vainilla en partes y tíntalas de diferentes colores. Coloca recipientes para pudín en la mesa cubiertos con grandes láminas

PASTEL DE PALETA

1. Hornea un pastel redondo siguiendo tu receta favorita. Deja que se enfríe.
2. Espolvorea el pastel con azúcar blanco glaseado.
3. Decora la superficie del pastel como si se tratara de la paleta de un artista. Utiliza caramelos pequeños o pasta coloreada para pastelería para simular los redondeles de pintura. Coloca un pincel nuevo bien limpio encima del pastel.

de papel encerado. Haz que los niños pongan una cucharada de pudín en el papel y se pinten los dedos con él.

- Sopla en una pajita y pinta: Proporciona a los invitados hojas de papel blanco y pajitas. Coloca un poco de pintura acuosa en la parte inferior de las hojas y diles a los niños que la soplen con las pajitas, esparciendo así la pintura por la hoja. Inténtalo con un papel negro y pintura blanca para crear diferentes diseños.
- Decorar camisetas: Facilita a cada niño una camiseta blanca o pide a tus invitados que traigan de casa

una camiseta que se pueda decorar. Cubre una superficie del suelo con cartón grueso que puedes obtener de cajas grandes. Coloca un trozo grueso y más pequeño de cartón dentro de cada camiseta (eso evitará que la pintura tiña la parte de la espalda). Extiende las camisetas con el cartón sobre el suelo previamente protegido. Los niños decorarán sus camisetas con pintura. Deja que las camisetas se sequen y que los invitados se las lleven a casa cuando la fiesta haya terminado.

COMIDA

- Después de que los niños se hayan pintado los dedos con el pudín, sírveles platos de pudín fresco de vainilla y chocolate.
- Hornea o compra galletas grandes y deja que tus invitados las decoren como quieran, con pasta de colores para pastelería, cuajadas y virutas.
- Bocadillos mosaico: Pide en la panadería que te tiñan el pan de cuatro colores: rosa, azul, amarillo y verde. Elabora bocadillos con el pan y después córtalos en triángulos. Coloca los triángulos en una bandeja a modo de mosaico.

OBSEQUIO

- Compra instrumentos de arte: rotuladores, tijeras de punta roma, pegamento, cartulina, palos de helado, etc. Guarda los materiales en una pequeña cajita decorada.
- Deja que los pequeños artistas se queden las camisetas decoradas.
- Haz arcilla de sobra y dales a los niños un trozo para que se la lleven a casa.

VARIACIONES

- Invita a un profesor de arte y artesanía a la fiesta para que anime a los niños a expresar su creatividad.

IDEAS ÚTILES

- Utiliza materiales seguros, no tóxicos y apropiados para las edades de los invitados.
- Protege la estancia de la fiesta de manera que sea imposible sufrir un accidente.

FIESTA DEL GIMNASIO INFANTIL

Una buena fiesta del gimnasio infantil hará que los niños pasen un rato estupendo. Tú pones los materiales; los niños pondrán la energía y los músculos.

INVITACIONES

- Turbantes de deporte: Confecciona turbantes con un tejido elástico, o compra turbantes baratos del tamaño de las cabezas de los bebés. Escribe los detalles de la fiesta en los turbantes utilizando un rotulador.
- Pesas de bebé: Recorta formas de pesas de una cartulina negra. Pega grandes pompones en los extremos para que las pesas parezcan tridimensionales. Escribe los detalles de la fiesta en el dorso con un lápiz de color blanco.

DECORACIÓN

- Monta un gimnasio infantil en la habitación donde se vaya a celebrar la fiesta:
  –Extiende tapetes para hacer ejercicio o mantas en el suelo para hacer más blando el suelo. Añade colchones y cojines si lo deseas.

–Coloca materiales gimnásticos suficientemente separados para que los invitados tengan toda la habitación para moverse. Puedes incluir varias pelotas, diversos cojines, una ancha barra de equilibrios, una carrera de obstáculos, un túnel (una o dos cajas juntas), un aparato para

escalar, aros, cuerdas de saltar y juguetes pesados para levantarlos.

–Cuelga pósteres a la altura de los ojos del bebé o fotografías de material de gimnasio infantil de un catálogo de juguetes.

–Pon música de gimnasia en el jardín.

DISFRACES

- Los niños pueden ponerse los turbantes de las invitaciones o traer otros a la fiesta.
- Pide a todo el mundo que se vista con prendas cómodas.

JUEGOS

- Pelota rodante: Cada bebé se pone de pie a un lado de una gran pelota y el padre al otro lado. Estira el bebé encima de la pelota en dirección al padre. Repetid rodando cada vez más lejos.
- Saltos: Ayuda a los niños a sentarse en el suelo cerca de un sofá. Deben intentar saltar al sofá con los gritos de ánimo de los padres.
- Arrastrarse y gatear: Alinea a los invitados en un lado de la estancia y a los padres al otro lado. Cuando

PASTEL DE PESAS PARA BEBÉS

1. Sigue tu receta favorita para elaborar dos pasteles redondos del mismo tamaño.
2. Cubre los dos pasteles con chocolate fundido.
3. Coloca los dos pasteles separados unos centímetros y conéctalos con una hilera de galletas rectangulares que simularán la barra de las pesas.
4. Coloca bebés de juguetes diminutos encima de los dos pasteles.

digas «¡ya!» los bebés deben cruzar la habitación en dirección a sus padres. Quien llegue primero gana la carrera.

- Carrera de obstáculos: Prepara una carrera de obstáculos apropiada para la edad de los niños. Puedes hacerles gatear encima de un cojín, arrastrarse por debajo de una manta, gatear por encima de una caja, escalar un cojín, etc.
- Acrobacias: Enseña a los niños a hacer volteretas. A continuación, comprobad cómo atraviesan la estancia rodando.

- Atrápame: Escoged un padre para que sea el cazador. Debe correr por la habitación e intentar atrapar a los niños. Los niños que consiga atrapar deben sentarse en el sofá a esperar que vaya atrapando a los demás.

ACTIVIDADES

- Masaje de calentamiento: Antes de hacer ejercicio, calienta a los niños con un agradable masaje. Utiliza una loción para el cuerpo. Los niños estarán vestidos sólo en pañales o en calzoncillos.
- Masaje de enfriamiento: Después del ejercicio, tumba a los niños en mantas y dales un suave masaje tranquilizante para relajarles y calmarles.

COMIDA

- Elabora galletas en forma de hombre musculoso. Sírvelas con mermelada.
- Si los niños son suficientemente mayores para comer zanahorias, haz pesas pegando bolas de queso tierno en los extremos de una zanahoria.
- Sirve muchos zumos de frutas, agua o leche en botellas. También puedes preparar jugos de leche y frutas en una licuadora.

OBSEQUIOS

- Regala pelotas de diferentes tamaños para que se las lleven a casa.
- Compra accesorios para hacer ejercicio: turbantes, muñequeras, calcetines de deporte, camisetas con números, toallas y botellas de agua.

VARIACIONES

- Lleva a los niños a un gimnasio infantil para que les den una hora de clase. Se divertirán y harán ejercicio a la vez.

IDEAS ÚTILES

- Pide a los demás padres que te ayuden durante la fiesta, de forma que cada bebé tenga mucha atención personalizada y asistencia.
- Evita que los juegos sean demasiado competitivos. No importa quién sea el ganador. Ten preparados trofeos para todos.
- No dejes de vigilar a los niños para asegurarte de que ninguno se hace daño.

FIESTA DE MAMÁ OCA

Una fiesta de Mamá Oca es como un cuento hecho realidad para los bebés. Puede que algunos ya estén familiarizados con estos personajes; si no es así, o sencillamente si lo prefieres, puedes basarte en otros cuentos de tu elección.

INVITACIONES

- Cuentos de Mamá Oca: Recorta dibujos de un cuento barato de Mamá Oca y pégalos a un trozo de cartulina doblada. En la parte interior escribe los detalles de la fiesta en formato de cuento: «Había una vez una fiesta de Mamá Oca...». Incluye páginas extra si lo deseas, en blanco o con rimas personalizadas.

DECORACIÓN

- Dibuja algunos personajes de Mamá Oca en grandes hojas de papel blanco. También puedes comprar libros de cuentos grandes y baratos y cortar las páginas. Pégalos en las paredes a la altura del bebé.
- Para el Pumpkin Eater, coloca una calabaza como centro de mesa.
- Para Little Miss Muffet, corta tapetes de tela de araña de cartulina y cuelga arañas de plástico del techo.

- Coloca animales de peluche y muñecas de los personajes de Mamá Oca.
- Pon las canciones de Mamá Oca en el jardín.

DISFRACES

- Ofrece accesorios que se correspondan con los cuentos de Mamá Oca: pijamas de Willie Winkie, sombreros de cocinero, bastones de

Mamá Oca

pastor y rabos de oveja, campanitas para los zapatos, etc.

JUEGOS

- Liberar a la esposa de Pumpkin Eater: Los niños se ponen en círculo cogidos de las manos simulando una calabaza. Coloca un participante en el centro del círculo (será la esposa), atrapado. La esposa debe intentar salir de la calabaza pasando por debajo de los brazos de los jugadores sin romper la calabaza.

- Salto de Jack Be Nimble: Cubre un cartón de leche de los de cuarto de litro o un brik vacío de zumo de frutas individual con papel blanco para simular un candelabro. Pon papel rojo en la parte superior como si fuera la llama. Haz que los niños salten por encima, de uno en uno, evitando «quemarse».

- Aracnofobia: Esconde una araña de plástico y haz que los niños la encuentren. De este modo Little Miss Muffet no se asustará. El invitado que encuentre la araña recibirá un premio. Asegúrate de que la araña sea bastante fácil de encontrar.
- Camino tortuoso: Extiende una cuerda larga en el suelo en zigzag. Haz que los niños anden sobre la cuerda sin salirse del camino.

PASTEL CUENTO

1. Hornea un bizcocho rectangular siguiendo tu receta favorita. Déjalo enfriar.
2. Corta el pastel por la mitad y cubre las dos mitades con azúcar blanco glaseado.
3. Coloca los pasteles uno al lado del otro para que parezca un libro abierto.
4. Escribe «Feliz Cumpleaños» o una rima en las páginas.
5. Coloca monigotes encima y alrededor del pastel.

- Monta un Cock-Horse: Engancha cascabeles a los zapatos de los invitados y haz que simulen que están montando a caballo. Los cascabeles harán ruido.
- Little Bo-Peep: Los niños harán turnos simulando ser Little Bo-Peep, corriendo detrás de las ovejas (el resto de invitados, que irán a cuatro patas) e intentando atraparlas. También puedes hacer rabos de cartulina, ponerles cinta adhesiva de doble cara en un extremo y hacer que Little Bo-Peep persiga a las ovejas para pegarles el rabo.

ACTIVIDADES

- Tres ratones ciegos: Venda los ojos de uno de los jugadores para ver si puede encontrar el queso escondido en la sala. Esconde el queso creativamente, por ejemplo un poco debajo de un cojín o encima de una estantería baja, pero que esté a la vista. Confecciona el queso con espuma pintada de dorado, amarillo o naranja.

COMIDA

- Elabora gelatina de huevos de oca: Sigue las instrucciones del paquete para realizar la gelatina. Vierte la mezcla en huevos de plástico y ponlos en el congelador hasta que estén firmes. Desmolda los huevos y colócalos en la mesa en un recipiente.
- Entrega a los invitados bolsitas con golosinas relacionadas con otros cuentos infantiles, ya sean galletitas o gominolas. Por ejemplo, ratoncitos para *Tres ratones ciegos*, gatitos para *El gato con botas*, ositos para *Ricitos de Oro y los tres osos*, y cualquier otro que se te ocurra.
- Sirve La Tarta de la Reina: Enrolla masa para galletas azucarada y córtala en forma de corazones. Corta un pequeño corazón del centro de la mitad de la masa. Hornea siguiendo las instrucciones del paquete. Cuando se haya enfriado, unta todas las galletas con mermelada, corónalas con las galletas en forma de pequeños corazones. Dáselas a los pajes.

OBSEQUIOS

- Regala cuentos de Mamá Oca para que los disfruten en sus casas.
- Dales juguetes basados en personajes de Mamá Oca.
- Proporciónales cintas de casete de Mamá Oca.

VARIACIONES

- Toma prestada una cinta de vídeo de un cuento en la biblioteca.

IDEAS ÚTILES

- Antes de empezar cada juego, lee en voz alta la rima en la cual se basa dicho juego.
- Coge libros de cuentos de la biblioteca para más sugerencias.

FIESTA DE LA MÚSICA

Los niños son músicos por naturaleza. Simplemente pon música y escucha los sonidos de la diversión.

INVITACIONES

- Invitación para escuchar: Compra casetes baratos para cada uno de los invitados. Canta la invitación, acompañada de un poco de música, y grábalo. A continuación haz una copia para cada invitado.
- Nota musical: Recorta grandes notas musicales de cartulina negra y escribe los detalles de la fiesta con lápiz de color blanco.
- Pentagrama: Compra hojas de pentagrama en blanco y escribe los detalles de la fiesta en las líneas en zigzag para que parezca música.

DECORACIÓN

- Recorta notas gigantes de cartulina negra y pégalas en las paredes a la altura de los bebés.
- Cuelga unas cuantas notas del techo para que dancen encima de las cabezas de los bebés.
- Cuelga pósteres de niños famosos que cantan, ya sean actuales o de unos años atrás, como Parchís o Enrique y Ana.
- Crea un centro de mesa con diversos instrumentos musicales de juguete.
- Cubre la mesa con papel blanco y dibuja líneas para que parezca un pentagrama.
- Confecciona tapetes con notas musicales y escribe el nombre de los invitados en el centro.
- Pon música infantil en el jardín.

alrededor de las sillas mientras suene la música. Cuando la música deje de sonar, los invitados deben correr a sentarse. El jugador que se queda sin silla, deja de jugar. De todas formas, también recibe un premio.

- ¿Qué canción es? Graba de dos a diez segundos de canciones infantiles conocidas. Los niños se ponen en círculo. Pon el primer trozo de canción, y deja que los invitados adivinen de cuál se trata.

- ¿Qué es este ruido? Graba varios sonidos conocidos en casa o en el vecindario. Puedes incluir el ladrido de un perro, un despertador, una cadena de váter, una bocina de coche, un aspirador, un timbre de puerta, el sonido de un teléfono, un juguete que haga ruido, etc. Pon los sonidos uno a uno, y deja que los niños adivinen de qué sonido se trata.

- Crear una canción: Sienta a todos los invitados en círculo. Toca un instrumento sencillo (una guitarra o un ukelele). Cada niño debe inventar una línea de la canción (si tiene la edad adecuada, claro). Empieza por el que esté sentado a tu derecha. Para animarles, puedes empezar tú.

DISFRACES
- Viste a los niños con camisetas decoradas con notas musicales.
- Ponles pulseras elásticas o cuélgales cascabeles.

JUEGOS
- Sillas musicales: Juega al clásico juego de las sillas musicales. Coloca una silla menos que el número de invitados que tengas, en círculo o en fila. Los niños deben marchar

ACTIVIDADES

- Concierto amateur: Cread vuestros propios instrumentos musicales (encontrarás sugerencias en libros de la biblioteca). Puedes fabricar tambores con cajas de cereales, mara-

PASTEL TAMBOR

1. Hornea un pastel de doble capa siguiendo tu receta favorita. Deja que se enfríe.
2. Espolvorea la superficie de una de las capas y coloca la otra encima. Espolvorea los laterales del pastel dejando unos dos centímetros sin espolvorear en la parte superior del mismo.
3. Espolvorea la parte superior (la superficie y los laterales) con un color diferente.
4. Utiliza pasta de colores para pastelería para diseñar un dibujo en zigzag en los laterales del pastel.
5. Asienta dos bastoncitos de pan cruzados encima del pastel a modo de baquetas.
6. Dispón instrumentos pequeños de juguete alrededor del tambor.

cas con recipientes llenos de semillas o arena, tamboriles con platos de plástico o de cartón pegados juntos y con cascabeles en el interior, y simples objetos para hacer ruido hechos de madera. Ponte unos tapones en las orejas. ¡Que empiece el concierto!

- Festival de música: Proporciona a cada niño un instrumento barato o confeccionado por ti misma y organiza un festival de música en la casa o por el vecindario.
- Cantar: Pon las canciones favoritas de tus invitados e invítales a cantar.

COMIDA

- Crea sándwiches en forma de teclado de piano utilizando pan blanco e integral sin corteza. Rellénalos con mantequilla y mermelada o nocilla, córtalos en rectángulos pequeños y alinéalos alternando blanco e integral, simulando las teclas de un piano.
- Sirve leche musical: Vierte leche en vasos transparentes, llenándolos sólo hasta la mitad. Dales pajitas a los invitados y deja que soplen y hagan burbujas en la leche mientras entonan sonidos, ¡como si tocaran la leche! También puedes llenar varios vasos con cantidades de leche distintas y hacer que los niños golpeen los vasos para hacer música.
- Sirve comida ruidosa, como cereales crujientes, zanahorias, galletas saladas, patatas fritas, palomitas, etc.
- Elabora galletas en forma de notas musicales con un cuchillo para cortar galletas, si lo tienes. Decora las galletas con caramelitos o azúcar glaseado. Sírvelas alineadas en el mantel-pentagrama.

OBSEQUIOS

- Compra flautas, harmónicas y otros instrumentos baratos de juguete.
- Regala a los invitados cintas de casete con sus canciones favoritas.

VARIACIONES

- Organiza una fiesta de bailes infantiles. Simplemente, pon música e invita a los invitados a bailar. Enséñales algunos pasos de baile sencillos cuando se cansen de improvisar.
- Reproduce vídeos musicales, como los de Barney o los de Barrio Sésamo.

IDEAS ÚTILES

- Se trata de una fiesta bastante ruidosa, o sea que deberías darles tapones a los invitados adultos. Avisa a tus vecinos para que sepan lo que está sucediendo.

FIESTA EN BARRIO SÉSAMO

¡Hace un día precioso! Todo es perfecto en la fiesta de Barrio Sésamo. Invita a Paco Pico, a Epi, a Blas, al Monstruo de las Galletas y ¡divertíos!

INVITACIONES

- Paco Pico: Dobla un trozo de cartulina por la mitad para hacer una tarjeta. Recorta una fotografía de Paco Pico de una revista o de un cuento infantil barato y engánchala en la tarjeta. Pega cosas amarillas a la foto para que parezca tridimensional. Escribe los detalles de la fiesta en el interior de la tarjeta.

- Señal de Barrio Sésamo: Dibuja señales de Barrio Sésamo en una cartulina. Dibuja un mapa desde cada una de las casas de los invitados hasta tu fiesta de Barrio Sésamo. Marca las casas de los personajes de Barrio Sésamo por el camino.

- El conde: Dobla un trozo de cartulina por la mitad a modo de tarjeta. Recorta una fotografía del conde y pégala en la tarjeta. Dibuja tantos dedos del conde como años cumpla el anfitrión. Escribe los detalles de la fiesta en el interior de la tarjeta.

DECORACIÓN

- Confecciona un símbolo característico de Barrio Sésamo para ponerlo en la puerta de la entrada o en el recibidor.

- Cuelga un póster de tu personaje favorito de la serie para que dé la bienvenida a los invitados conforme vayan llegando, o disfraza a un padre para que abra la puerta y sorprenda a los bebés.

los almacenes especialistas en fiestas.

- Crea un centro de mesa utilizando personajes de Barrio Sésamo.
- Pon música de Barrio Sésamo.

DISFRACES

- Utiliza pintura apta para la piel para decorar las caras de los invitados con los colores de sus personajes de la serie televisiva favoritos.
- Confecciona turbantes de Paco Pico.
- Haz que los niños lleven capas de conde

JUEGOS

- El paseo de Paco Pico: Recorta las huellas de Paco Pico en cartulina amarilla o naranja. Haz un camino para que los invitados lo puedan seguir. Los niños deben andar por la casa, el jardín, el vecindario, etc, pisando las huellas del pájaro.
- El juego de atrapar a Peggy: Ata una muñeca Peggy en una cuerda y ponla en medio de la sala. Uno de los invitados debe intentar cogerla cuando tú digas: «YA». Cada vez que alguien intente atraparla, tira de la cuerda para impedírselo. Continúa hasta que alguien la pueda coger. Repite el proceso con todos los niños.

- Dentro de la estancia donde se vaya a celebrar la fiesta, coloca personajes de Barrio Sésamo y cuelga pósters de los mismos en las paredes a la altura de los niños.
- Pon la mesa de las galletas del monstruo de las galletas y destina otros lugares especiales para tus personajes favoritos.
- Pon la mesa con productos de Barrio Sésamo que encontrarás en

- La rana Gustavo: Escoged un niño para que sea la rana Gustavo. El resto de los niños deben estar quietos en un punto detrás de la rana. La rana debe moverse por la sala, saltando, gesticulando, etc. Los demás participantes deben imitar lo que hace la rana. Los niños pueden hacer turnos en el papel de la rana Gustavo.

PASTEL DE EPI Y BLAS

1. Hornea dos bizcochos redondos siguiendo tu receta favorita. Deja que se enfríen.
2. Cubre uno de los pasteles con azúcar glaseado amarillo y otro con azúcar glaseado teñido de naranja.
3. Coloca los pasteles uno al lado del otro en bandejas. Adórnalos de manera que uno se parezca a Epi y el otro a Blas, copiándolos de un libro de cuentos de Barrio Sésamo.
4. Añade figuritas de Barrio Sésamo alrededor de los pasteles.

ACTIVIDADES

- Marionetas de Barrio Sésamo: Compra libros de cuentos de la serie baratos. Recorta los personajes. Haz que los niños se sienten en una mesa. Proporciona palos de helado a los invitados. Deja que los niños cojan los personajes y los peguen en los palos para hacer marionetas. A continuación, prepara un espectáculo (véase la siguiente actividad).
- El espectáculo de marionetas de Barrio Sésamo: Cuando los niños hayan terminado sus títeres, va a llegar el momento de confeccionar un pequeño teatro. Antes de la fiesta, consigue una caja de cartón gran-

de. Corta la mitad de uno de sus laterales para que el escenario se abra. Corta la parte inferior del otro lateral de manera que los bebés puedan entrar con sus marionetas. Coloca un trozo de tela a modo de telón para que el público no pueda ver el interior de la caja. Recorta escenarios de libros de cuentos baratos de Barrio Sésamo (árboles, señales de tráfico, casas, farolas, árboles, etc.) Pégalos al teatro. Los niños se turnarán para sus representaciones.

- La hora del cuento: Léeles un cuento de Barrio Sésamo. Mientras lees, haz que los niños actúen como tú vas diciendo en el cuento.

COMIDA

- Como Barrio Sésamo enseña las formas, elabora diversos bocadillos y córtalos en las cuatro formas básicas: cuadrados, rectángulos, círculos y triángulos. Intenta que los niños hagan algo con los bocadillos antes de comérselos.
- Prepara las semillas favoritas de Paco Pico: Rellena bocadillos individuales con semillas, nueces, cereales y otros frutos secos. Ponlos dentro de bolsitas atadas con una gomita amarilla.

- Sirve galletas del Monstruo de las Galletas: Convierte la masa azucarada para galletas en un gran Monstruo de las Galletas. Hornéalo un poco más de lo indicado en el paquete, hasta que los bordes se doren. Deja que los niños decoren la galleta con azúcar glaseado y caramelos.

OBSEQUIOS

- Compra figuritas y muñecos de los personajes de Barrio Sésamo.
- Ofrece a los invitados cuentos, libros para colorear y casetes de Barrio Sésamo.

VARIACIONES

- Visionad una cinta de vídeo de Barrio Sésamo o alquila una película de Los Teleñecos.

IDEAS ÚTILES

- Contrata a un actor que venga disfrazado a la fiesta, o disfrázate tú misma.

FIESTA DE MARIONETAS

A los niños les encantará la magia que les brindan las marionetas. Lo único que necesitas son algunos materiales básicos para crear la fiesta con tus nuevos amigos.

INVITACIONES

- Títeres con bolsas de papel: Compra bolsas de papel de color marrón. Colócala boca abajo. Dibuja los ojos y la nariz en el pliegue, la parte superior de la boca justo en el pliegue, y el resto de la boca al otro lado de la bolsa de papel, de modo que la boca se abra y se cierre cuando la mano esté dentro del pliegue. Debajo del pliegue, dibuja una lengua y los dientes. Añade pelo a la cabeza con un rotulador o pegando hilo. Escribe los detalles de la fiesta dentro de la boca o en la espalda.

DECORACIÓN

- Confecciona un montón de marionetas con bolsas de papel (véase Invitaciones) y dales a cada una un nombre divertido. Otra opción es hacer los títeres semejantes a los invitados y ponerles sus nombres. Pega los títeres en las paredes a la altura de los bebé.

- Decora el resto de la estancia donde se vaya a celebrar la fiesta con una gran variedad de marionetas.

- Coloca un espectáculo de títeres a modo de centro de mesa. Utiliza una caja de cartón pequeña para el teatro y palos de helados para confeccionar las marionetas.

- Pon un teatro de marionetas en medio de la sala. Pinta una caja de cartón grande con colores vivos. Corta un rectángulo horizontal en la parte delantera para que sea el escenario y corta la mitad de la parte

- Adivinar la marioneta: Coloca marionetas conocidas en bolsas de papel y ciérralas. Los niños deben sentarse en círculo. Se pasarán la bolsa tocándola para ver si adivinan qué marioneta hay en su interior. Cuando todos hayan probado suerte, descubre la marioneta para ver quién tenía razón.

- Pasarse el títere: Los niños se sientan en círculo en el jardín. Pon un cuento y pasa un títere por el círculo de niños. Transcurridos unos segundos, detén el cuento. El niño que tenga el títere en ese momento queda eliminado del juego. Continúa hasta que sólo quede un bebé.

- Los dedos más rápidos: Decora los dedos de los invitados con caras graciosas utilizando un rotulador o compra títeres de dedos. Enséñales algunos movimientos de marioneta. Cuando los hayan aprendido, haz que los repitan cada vez más rápido.

- La marioneta dice: Dale a cada niño un títere y coge tú también uno. Los niños se sentarán delante de ti. Muy despacio, dicta algunas órdenes como: «La marioneta dice... Levantad los brazos». Los niños deben seguir las instrucciones utilizando sus títe-

posterior para que los niños se puedan meter dentro. Coloca una tela a modo de telón y córtala por la mitad para poder abrirla. Nota: Una de las actividades de la fiesta puede consistir en la decoración del teatro.

DISFRACES

- Utiliza pinturas aptas para la piel para decorar las caras de los invitados. Píntales los ojos de marrón oscuro, largas pestañas, mofletes encarnados, y labios carmín.

res. Intenta engañar a los participantes dando una orden pero haciendo algo distinto con tu títere. El jugador que siga las acciones en lugar de las palabras queda eliminado. Continúa hasta que sólo quede un niño. Asegúrate de que las órdenes sean simples y los movimientos lentos para que los niños puedan seguirlos sin confundirse.

PASTEL DEL ESPECTÁCULO DE TÍTERES

1. Hornea un bizcocho siguiendo las instrucciones de tu receta favorita. Deja que se enfríe.
2. Cúbrelo con azúcar glaseado blanco.
3. Marca los bordes del pastel con chocolate fundido de modo que parezca una caja.
4. Dibuja un rectángulo en la mitad superior del pastel para que parezca un escenario. Utiliza también chocolate para fundir.
5. Coloca títeres pequeños en el escenario y varias figuritas en la otra mitad que representen el público.

ACTIVIDADES

- Marionetas con bolsas de papel: Los niños deben confeccionar su propio títere de papel (véase Invitaciones). Proporciónales bolsas de papel, rotuladores, pedazos de ropa, pegamento, hilo para el pelo, ojos que se muevan, y otros materiales.
- Marionetas con guantes: Da a los invitados unos guantes de jardinería y deja que los decoren con rotuladores permanentes para crear la familia o lo que ellos deseen.

Haz que se los pongan y jueguen.

- Decorar un teatro de marionetas: Deja que los niños decoren el teatro que has confeccionado (véase Decoración) con rotuladores, tizas, adhesivos, papel, etc.
- Espectáculo de marionetas: Una vez el teatro y las marionetas estés listos, llega la hora del espectáculo. Elige dos niños para que sean los titiriteros y el resto del grupo será el público. Deja que actúen durante cinco minutos y cambia de pareja. Continúa con la rotación hasta que todos los niños hayan actuado. Filma toda la actividad y reprodúcela al final del espectáculo.

COMIDA

- Crea bocadillos de caras de títeres: Corta pan en grandes círculos y rellénalos con lo que más les guste. Corta trozos de fruta y verdura. Deja que los niños hagan sus propias caras de títere decorando el pan.
- Elabora galletas en forma de mano: Moldea la masa y con un cuchillo para cortar galletas dales forma de manos. Hornea y deja enfriar las galletas. Escribe el nombre de cada invitado en una mano izquierda y en una derecha de modo que cada uno tenga una pareja de manos.

OBSEQUIOS

- Deja que se lleven las marionetas que ellos mismos han confeccionado.
- Compra vestidos para marionetas.
- Dales cuentos con marionetas para que puedan hacer un espectáculo.

VARIACIONES

- Contrata a un titiritero profesional para que entretenga a los niños durante la fiesta.

IDEAS ÚTILES

- Al utilizar los materiales para confeccionar los títeres, asegúrate de que todos los adornos están bien sujetos, ya que son muy pequeños y los bebés podrían llevárselos a la boca.

FIESTA DEL CUENTO

Observa cómo los personajes del cuento favorito de tu hijo salen de la ficción para ir a la fiesta del cuento. Esta fiesta se sirve de algunos cuentos populares infantiles, pero podéis utilizar los que más os gusten.

INVITACIONES

- Invitaciones de cuento: Recorta un rectángulo de cartulina de color y dóblalo por la mitad. Serán las portada y contraportada de un cuento. Escribe el título del cuento en la portada (si lo deseas, personalízalo: «Los tres cerditos y tú»). Dobla rectángulos de papel blanco e introdúcelos entre las cubiertas a modo de páginas. Escribe los detalles de la fiesta como si fuera un cuento. Ilustra tú misma el cuento o recorta las ilustraciones de un libro de cuentos barato y pégalas en la cubierta y en el interior. Grapa las páginas y la cubierta y manda los cuentos a los invitados.

DECORACIONES

- Compra libros de cuentos baratos y recorta los dibujos que representen a los personajes. Cuélgalos por las paredes de la estancia donde se vaya a celebrar la fiesta de cumpleaños a la altura de los bebés. Debes colgarlos siguiendo un orden que conforme una historia y di-

DISFRACES

- Ofrece a los invitados complementos de varios libros de cuentos: una caperucita roja, morros de cerdo y orejas de lobo, etc.

JUEGOS

- Busca a los tres cerditos: Esconde por la sala tres muñecos que representen los tres cerditos, o recórtalos de un cuento barato. Pide a los niños que encuentren a los tres cerditos antes de que venga el lobo. Haz que otro adulto aúlle como un lobo desde otra sala para mantener un alto nivel de suspense.
- Sigue el camino de Caperucita Roja: Crea un camino con huellas de lobo para que Caperucita lo siga, dentro de casa y en el jardín. Las huellas deberían llevar a la cama de la abuela. A lo largo del camino, coloca pequeños objetos de la cesta de Caperucita (galletas, caramelos, flores, etc.). Dales a los niños cestas pequeñas para que vayan recogiendo las pistas. Cuando lleguen a la cama de la abuela diles que retiren la colcha para encontrar sus premios.

bujarles burbujas para hacerlos hablar.
- Coloca libros de cuentos y muñecos de cuentos por la habitación.
- Fotocopia cubiertas de libros y utilízalas como manteles individuales.
- Forma un centro de mesa con cuentos, muñecas y animales.

ACTIVIDADES

- EL juego de los cuentos: Convierte un cuento en realidad. Disfraza a los invitados con los complementos típicos del cuento que elijas. A continuación, lee el cuento en voz alta y haz que los niños actúen.

PASTEL EN FORMA DE CUENTO

1. Hornea tu bizcocho favorito. Deja que se enfríe.
2. Cubre la superficie y un lateral del pastel con azúcar glaseado de algún color, y los tres lados restantes con azúcar glaseado de color blanco. En este punto, el pastel debería tener la apariencia de un libro cerrado.
3. Con chocolate para fundir, traza líneas encima de la parte blanca para enfatizar las páginas.
4. Escribe el nombre del anfitrión en la portada como si se tratase del título del cuento, por ejemplo «El cuento de Dafne».
5. Añade algunas figuritas de plástico que representen personajes de cuento para decorar.

- El cuentacuentos: Contrata a un narrador profesional para que acuda a la fiesta. O bien, alquila un disfraz de un cuento y represéntalo tú misma para los niños.
- Crear un cuento: Los niños deben crear su propia historia. Haz que se sienten en círculo. Empieza la historia, a continuación el siguiente participante inventa un trozo más, y seguid así hasta que todos los niños hayan creado un poco.

COMIDA

- Sirve a Los Tres Cerditos en una manta: Hornea galletas y coloca una salchicha sobre cada una de ellas. Sírvelas con mostaza y salsa de tomate.
- Elabora la cesta de Caperucita Roja: Llena una cesta pequeña con comida: verduras cortadas, frutas cortadas, tacos de queso, patatas fritas, galletas saladas, mini bocadillos, galletas, etc.
- Confecciona la casa de Hansel y Gretel: Limpia varios cartones individuales de leche vacíos. Coloca galletas en los laterales. Deja que los niños pongan galletas encima de los cartones a modo de tejado. Permite a los niños decorar sus casas de galleta con azúcar glaseado, pasas y caramelos de goma.

OBSEQUIOS

- Regala cuentos populares.
- Regala figuritas de los personajes de los cuentos.
- Deja que se queden algunos complementos de los disfraces.

VARIACIONES

- Si lo deseas, organiza la fiesta alrededor de un único cuento. Por ejemplo, si escogieras *Los tres cerditos* podrías construir una casa, huir del lobo, cantar «¿Quién teme al lobo feroz?», y preparar un pastel en forma de cerdo.

IDEAS ÚTILES

- Para más sugerencias, busca en los cuentos de la biblioteca.

PICNIC CON OSITOS DE PELUCHE

Invita a sus mejores amigos (vivos y de peluche) a la fiesta del picnic con ositos de peluche. Puedes dar la fiesta en una sala o en el jardín.

INVITACIONES

- Ositos de peluche de papel: Recorta ositos de peluche de cartulina marrón. Añade los detalles faciales con un rotulador negro. Escribe los detalles de la fiesta en el dorso. Escribe la letra de una canción acorde con la fiesta. Envuelve las invitaciones en un pañuelo de cabeza. Mételas en un sobre y envíalas a los niños y a sus peluches.

DECORACIÓN

- Corta peluches gigantes de cartulina marrón y engánchalos por las paredes (o en la valla del jardín) a la altura de los bebés.
- Confecciona árboles con cartulina verde y colócalos entre los ositos.
- Extiende un mantel grande de cuadros rojos y blancos en el suelo o en el jardín.
- Esparce hormigas de plástico encima del mantel.
- Coloca un osito de peluche en una cesta de picnic pequeña y colócala en el mantel a modo de centro de mesa.

DISFRACES

- Proporciona a los invitados turbantes con orejas de osito.
- Ofrece baberos tanto a los invitados como a sus ositos.

JUEGOS

- Toca el osito escondido: A medida que los niños vayan llegando a la fiesta, haz que pongan su osito de peluche en una bolsa de papel. Numera cada bolsa. Sienta a los niños en círculo y haz que se pasen las bolsas y toquen los ositos que hay dentro. Los niños deben adivinar cuál es su peluche.

- ¿Dónde está mi osito? Cuando los niños vayan llegando a la fiesta, cógeles los ositos y escóndelos en otra habitación. A continuación, lleva a los niños a la habitación e invítales a buscar sus ositos. Diles que no cojan los ositos de los demás.

- El osito gateador: Organiza una carrera de obstáculos con objetos sobre los cuales se pueda gatear, o pasar por debajo. Los niños deben seguir la carrera a gatas, como si fueran osos.

- El osito ladrón: Sienta a los niños en círculo con sus respectivos ositos detrás de cada uno de ellos. Un jugador hará de ladrón. El ladrón merodea por el exterior del círculo y coge un osito. La persona propietaria del osito robado debe levantarse y atrapar al ladrón. Si no lo consigue, se convierte en ladrón. Si lo consigue vuelve a sentarse con su osito en la espalda.

MAGDALENAS DE OSITO DE PELUCHE

1. Hornea magdalenas de chocolate siguiendo las instrucciones de tu receta favorita.
2. Cubre las magdalenas con chocolate fundido.
3. Crea las caras de los osos con cerezas para las narices, pasas para los ojos y regaliz para la boca. Para las orejas, puedes utilizar galletas redondas pequeñas.

ACTIVIDADES

- Picnic con ositos de peluche: Extiende el mantel en el suelo y sienta a los niños alrededor. Sirve la comida que previamente habrás puesto en una gran cesta de picnic o en cestas individuales. Deja que los niños sirvan a sus peluches.
- Baberos de osito de peluche: Compra baberos baratos para los invitados y sus peluches. Utiliza rotuladores marrones para dibujar ositos en los baberos de los niños. Anima a los niños a ponérselos.

- Caras de oso: Utiliza pinturas aptas para la piel para convertir a los invitados en osos. Deja que se miren en un espejo para que puedan ver sus nuevos rostros. Asegúrate de sacar fotos tipo polaroid a los niños con sus ositos en brazos.

COMIDA

- Prepara un tentempié de comida para osos: nueces, cereales, frutos secos, coco y semillas en bolsitas individuales para que se lo puedan comer con facilidad.
- Sirve cereales con miel y leche. Dales galletas con miel o con mermelada.
- Bocadillos con caras de oso: Corta grandes rebanadas de pan. Rellénalas de la comida favorita de los niños. Corta cerezas confitadas por la mitad para representar las narices de los osos, utiliza pasas para los ojos y regaliz para la boca. Sirve los bocadillos a los niños y a sus ositos.
- Elabora bebidas de frutas del bosque para osos con fresas frescas o congeladas. Licua las fresas y añade hielo y un vaso de leche. Bátelo todo hasta que quede cremoso y sírvelo.

OBSEQUIOS

- Dales a los niños osos pequeños para que se los lleven a sus casas.
- Compra cuentos ilustrados que representen osos de peluche.
- Llena potes de miel de plástico pequeños con galletas o gominolas.

VARIACIONES

- Lleva a los invitados y a sus peluches a una excursión al parque zoológico. Comed un picnic en el césped y dad un paseo para ver osos de verdad. Asegúrate de contar con la colaboración de varios adultos para vigilar a los niños a sus amigos de peluche.

IDEAS ÚTILES

- Trata a los peluches con cuidado (se trata de unos invitados muy importantes).
- Ten a mano algunos peluches para dárselos a los niños que no tengan.

FIESTA DE LOS TRENES, AVIONES Y AUTOMÓVILES

Cuando el bebé empieza a moverse, quiere estar en movimiento todo el día. Celebra la fascinación que tiene el niño por el transporte con trenes, aviones y automóviles.

INVITACIONES

- Ruedas en un coche: Dobla cartulina hasta darle forma de tarjeta. Dibuja o pega una fotografía de un coche en la cubierta de la tarjeta. Recorta dos círculos de cartulina de un color distinto para crear las ruedas. Fíjalas a la tarjeta con encuadernadores para que puedan girar. Escribe los detalles de la fiesta en el interior. Si lo prefieres, la tarjeta puede representar un tren o las hélices de un avión.
- Avión de papel: Convierte un trozo de cartulina en un avión. Escribe los detalles de la fiesta en su interior y mándalo a los invitados en sobres grandes.

DECORACIÓN

- Decora la estancia donde se vaya a celebrar la fiesta para que parezca un aeropuerto, una estación de tren, una gasolinera, o las tres cosas a la vez:

–Para el aeropuerto, extiende una sábana blanca o papel en el suelo y coloca sillas encima simulando el interior de un avión. Haz lo mismo para un tren o autobús, utilizando la sábana para simular la carretera.

ta la caja de amarillo y añade otros detalles tanto dentro como fuera.

–Para simular un coche, adquiere una caja grande para cada invitado. Corta la parte de arriba y la base para que los niños se puedan meter dentro. Corta también ventanas para que puedan ver el exterior. Pinta las cajas y añade detalles como luces, ruedas, volante, etc.

–Crea una gasolinera utilizando cajas de cartón.

DISFRACES

• Proporciónales cascos de ingeniero o de piloto. También puedes comprar imperdibles que representen aviones.

JUEGOS

• Coches de carreras: Para cada niño, corta la base y la parte superior de una caja, dejando sólo los laterales. Los niños deben meterse dentro de los coches, sujetarlos a la altura de la cintura y competir en una carrera.

• El autobús pasa: Los niños deben sentarse formando dos filas. El líder de cada fila de niños tiene un plato con bolas de algodón y las pasa hacia detrás por encima de su cabeza. Los participantes deben ir pasando

–Tanto para decorar la sala con un avión como con un tren, corta dos laterales de una caja de cartón grande. Serán las entradas. Píntalas de forma adecuada.

–Para un autobús, coge una caja muy grande, corta el «techo» para que los niños puedan entrar y realiza las ventanas en los laterales. Pinel plato hacia detrás intentando que no se les caiga ninguna bolita. Repite el juego con diferentes objetos. Por ejemplo, pueden pasarse un vaso de agua, o ponerse y sacarse una pieza de ropa.

- Ruidos del transporte: Consigue un casete para niños que reproduzca los sonidos del transporte (un motor, la bocina de un autobús, una motocicleta, un motor de avión o un tren) o graba los sonidos tú misma. Pon el casete y deja que los niños adivinen de qué sonidos se trata.

PASTEL CHU-CHÚ

1. Hornea un bizcocho siguiendo las instrucciones de tu receta favorita. Deja que se enfríe.
2. Corta el pastel en rectángulos pequeños formando un tren. Si es posible, haz tantos rectángulos como invitados.
3. Espolvorea cada vagón de diferentes colores.
4. Añade detalles con caramelos, regaliz, chocolate, y otros elementos decorativos.

ACTIVIDADES

- Fabricar un coche: Deja que los niños diseñen sus propios coches. Proporciónales cajas individuales, ya cortadas, para que los niños las pinten y decoren con rotuladores y adhesivos, dibujando las luces, las puertas, las ventanas, etc. Proporciónales algunos complementos divertidos como timbres de bicicleta, antenas, etc. Organiza un desfile de coches por la calle cuando hayan terminado.
- Piloto/Ingeniero: Invita a un piloto de avión o a un conductor de tren a la fiesta. Pídele que venga de uniforme y que les explique cómo es volar en avión o conducir un tren.

- La hora del cuento: Léeles cuentos sobre aviones, coches, trenes u otros medios de transportes. Inventad o cantad canciones sobre coches, autobuses o trenes.

COMIDA

- Elabora los bocadillos favoritos de los niños: Retira la corteza del pan y parte los bocadillos por la mitad. Coloca las mitades en la mesa como si fueran los vagones de un tren. Adórnalo con verduras y frutas que simulen la carga.
- Ensalada de avión: Cubre una bandeja con hojas de lechuga. Parte un melocotón por la mitad. La parte superior del melocotón será el cuerpo del avión. Parte un albaricoque por la mitad para hacer las alas. Coloca pasas encima del melocotón simulando los pasajeros. Pon galletas redondas delante de las alas a modo de hélices.
- Compra vasos medidores de los que se utilizan para rellenar los líquidos de los coches. Llénalos con las bebidas favoritas de los niños.

OBSEQUIOS

- Regálales coches, autobuses, trenes, aviones pequeños.
- Compra cuentos que hablen de transporte.
- Deja que los niños se queden sus vasos medidores o dales envases herméticos.
- Deja que se lleven los complementos de los disfraces: los imperdibles que representan aviones, los gorros de piloto, etc.

VARIACIONES

- Confecciona un barco de crucero con una caja grande de cartón, ponlo en el jardín y deja que los invitados se metan dentro y jueguen a navegar. Si lo deseas, compra juguetes para el agua y pasad una tarde de diversión acuática.

IDEAS ÚTILES

- Tómate el tiempo suficiente para prepararlo todo antes de la fiesta. Las cajas las encontrarás en los supermercados. También las puedes comprar.

VIAJE A DISNEYLANDIA

Viajad al lugar más maravilloso del mundo: Disneylandia, sin moveros de casa. No te olvides de Mickey y sus amigos.

INVITACIONES

- Máscaras de Mickey Mouse: Utiliza cartulina y rotuladores para dibujar la cara de Mickey Mouse, con unas orejas grandes, la nariz y los demás detalles. Haz la máscara tan grande como las caras de los niños. Recorta los agujeros de los ojos y de la boca. Ata una gomita en cada lado para poder atar la máscara detrás de la cabeza. Escribe los detalles de la fiesta en el dorso, entre ellos que traigan la máscara el día del acontecimiento.

- Compra postales de Disney en una tienda y escribe los detalles de la fiesta en el espacio adecuado.

DECORACIÓN

- Compra una gran variedad de productos Disney (disponibles en tiendas especializadas en fiestas) como platos, manteles individuales, sombreros, pósteres, recortes de personajes Disney, y figuritas. Distribúyelo todo por la sala donde se celebre el evento.

- Cuelga en la pared un mapa de Disneylandia y pósteres de Mickey, Goofy y Donald a la altura del niño.

- Si lo deseas, divide la estancia de la fiesta en varios espacios, como el Mundo de la Fantasía, el Mundo de la Aventura o céntrate en un solo espacio como La Calle Principal o El País de los Osos.

- Añade serpentinas, globos y muñecos de los personajes de Disney para que parezca un mundo real.
- No te olvides de poner música de Disney.

DISFRACES

- Deja que los niños se pongan las máscaras de Mickey Mouse. (Véase Invitaciones.)
- Compra orejas de ratón y píntales bigotes con pintura apta para la piel.

JUEGOS

- El Golf de Goofy: Coloca un campo de golf. Pega fotografías de Goofy en platos de papel. Corta un trozo del borde de los platos para que simulen los hoyos. Esparce los platos por la sala. Dales a los invitados bolas de tamaño mediano (de tenis, por ejemplo) y haz que intenten meterlas en los hoyos con un bate de béisbol de plástico, escobas o cualquier otro tipo de palo.
- El hueso desaparecido de Pluto: Pluto ha perdido su hueso. Deja que los niños le ayuden a buscarlo. Elabora galletas en forma de hueso. Hornéalas y deja que se enfríen. Esconde las galleta por toda la estancia (una galleta por invitado). Los niños deben encontrarlas por turnos. Deja que se las coman. ¡Pobre Pluto!
- El laberinto de Mickey: Cubre con sábanas y mantas los muebles de dos salas diferentes. Los niños deben entrar en el laberinto y encontrar la salida, de uno en uno.
- El juego de evitar la pelota de Donald: Divide a los niños en dos grupos. Uno de los grupos forma un círculo mirando hacia fuera. El otro grupo forma un círculo con el primero dentro, y mirando hacia aden-

tro. El grupo exterior lanza bolas al interior, que debe esquivarlas. Si una bola toca a un miembro del círculo interior, los participantes se intercambian los puestos.

ACTIVIDADES

- Galletas Disney: Corta la masa para galletas en forma de los personajes de Disney. Hornéalas y deja que se enfríen. Deja que los niños decoren las galletas con azúcar glaseado.

PASTEL DE MICKEY MOUSE

1. Hornea un bizcocho redondo siguiendo las instrucciones de vuestra receta favorita. Desmóldalo y déjalo enfriar.
2. Coloca dos magdalenas para formar las orejas de Mickey.
3. Dibuja la cara del ratón con chocolate fundido y azúcar glaseado.
4. Utiliza una cereza para la nariz, regaliz para los bigotes y caramelos para los demás detalles.
5. Coloca figuras de Disney alrededor del bizcocho.

- ¿Dónde está Mickey? Corta fotografías o dibujos de personajes Disney y pégalos en una cartulina. Introduce cada fotografía en un sobre. Reúne a los invitados y siéntate enfrente de ellos. Coge un sobre y empieza a tirar de la fotografía. Los niños deben adivinar de qué personaje se trata. Deja a Mickey para el final y ve preguntando: «¿Dónde está Mickey?» cada vez que descubras del todo a un personaje.

- Canta: Pon casetes de Disney. Los invitados deben cantar al unísono todas las canciones. Ve cogiendo los muñecos que representen a los personajes que van mencionando en la canción.

COMIDA

- Bocadillos de Pato Donald: Unta galletas saladas con mantequilla, nocilla o queso cremoso. Tapa cada galleta con otra y presiónalas.
- Para hacer galletas de Pluto, corta la masa en forma de hueso para perros. Hornéalas siguiendo las instrucciones del paquete hasta que estén doraditas. Sírvelas con mermelada.
- Para preparar una bebida divertida de Goofy, mezcla agua con gas y zumo de frutas a partes iguales. Sírvela con pajitas graciosas en vasos de plástico. Añade cerezas congeladas.
- Tiras de Mickey Mouse: Desmenuza un queso firme, por ejemplo, del tipo Cheddar. Esparce el queso por encima de una cacerola. Caliéntalo al horno a 300 °C hasta que se funda. Sácalo de la cacerola con un tenedor y dale la forma de tiras de queso para ratón.
- No te olvides del hueso desaparecido de Pluto (véase Juegos) y de las Galletas Disney (véase Actividades).

OBSEQUIOS

- Dales a los invitados orejas de ratón.
- Compra figuritas de plástico de personajes Disney.
- Regala cuentos de Disney.

VARIACIONES

- Alquila un vídeo de dibujos animados de Disney.

IDEAS ÚTILES

- Las tiendas de juguetes y especializadas en fiestas están repletas de productos Disney.

FIESTA DEL INVIERNO EN UN MUNDO MARAVILLOSO

Fuera hace frío, la temperatura perfecta para una fiesta del invierno. Abrigaros y salid a disfrutar.

INVITACIONES

- Copos de nieve: Dobla un trozo de cartulina blanca por la mitad, dóblala en total tres veces. Realiza pequeños cortes en los extremos doblados. Estira la cartulina y te habrá quedado un copo de nieve. Si lo prefieres, utiliza un pañito de adorno de papel.

DECORACIÓN

- Convierte tu recibidor en un invierno en un mundo maravilloso para dar la bienvenida a los invitados antes de salir fuera:

–Haz esculturas de hielo o muñecos de nieve de espuma o de cartulina blanca y pégalos en las paredes a la altura de los ojos de los bebés.

–Cuelga copos de nieve de papel o pañitos de adorno de papel del techo para que parezca que nieva.

–Coloca materiales para jugar en la nieve: trineos, botas o esquís.

–Pon pequeñas escenas bajo la nieve en el sitio de cada invitado en la mesa.

–Realiza manteles individuales de copos de nieve o de pañitos de adorno.

–Coloca un espantapájaros en traje de esquí sentado en el porche.

–Pon música de invierno.

DISFRACES

- Pide a los invitados que se vistan con sus trajes para ir a la nieve.

JUEGOS

- Carrera en la nieve: Alinea a los niños en la nieve. Haz que corran una pequeña distancia en el jardín, intentando no caerse al suelo. También podéis subirlos a trineos y empujarles en una carrera de trineos.

- Ponle la zanahoria al muñeco de nieve (en lugar de «Clava la cola en el asno»): Crea un muñeco de nieve pequeño, del tamaño de los invitados, y decóralo con un sombrero, la cara, etc., pero no le pongas nariz. Los niños, por turnos, con los ojos vendados, deben intentar poner la zanahoria en el sitio de la nariz.

- Bolos de nieve: Alinea a los niños. Coloca cartones vacíos de leche en hilera delante de los niños. Con bolas de nieve, deberán tirar los cartones.

ACTIVIDADES

- Construye un muñeco de nieve tonto: Crea la base de un muñeco de nieve del tamaño de tus invitados y proporciónales accesorios tontos: verduras para la cara, bisutería, zapatos, alas, monederos, bufandas, botas, etc. Deja que hagan tantos como deseen.

- Paseo en trineo: Busca en las páginas amarillas y contrata los servicios de un paseo en trineo para el día de la fiesta.

PASTEL DE NIEVE Y HELADO

1. Hornea un bizcocho redondo siguiendo tu receta favorita. Deja que se enfríe.
2. Cubre el bizcocho con azúcar glaseado de color blanco.
3. Cuando vayas a servirlo, coloca bolas de helado de vainilla cubiertas de coco rallado encima del pastel, formando una pirámide. Sírvelo de inmediato.

- Bolas de nieve de colores: Realiza varias bolas de nieve y ponlas en tazas, una para cada invitado. Compra colorante alimentario líquido. Dales a los niños cuentagotas para que los llenen de colorante y tiñan sus bolas de nieve. Observa como la nieve absorbe el color. Si lo deseas utilizad muchos colores para conseguir unas bolas multicolor.
- Crear ángeles de nieve: Los niños se tumban en el suelo y mueven los

brazos y las piernas arriba y abajo. Cuando se levantan, los ángeles permanecen en el suelo.

COMIDA

- Elabora la sopa preferida de tus invitados en cuencos bonitos. Deja que se queden los cuencos cuando hayan terminado.
- Prepara cucuruchos de nieve. Licua hielo con zumo de frutas. Colócalos en cuencos o cucuruchos y sírvelos.
- Elabora galletas en forma de muñeco de nieve. Hornéalas y deja que se enfríen. Los invitados pueden decorarlas con azúcar glaseado, caramelos, etc.
- Sacia los estómagos de los niños con sidra sin alcohol, zumos de fruta o chocolate a la taza. Viértelo en tazas, deja que se enfríe un poco y sírvelo.

OBSEQUIOS

- Dales guantes de colores para que se los lleven a sus casas.
- Regala pequeños juguetes de nieve, como trineos, botas, palas, etc.
- Compra moldes para helados para que los niños puedan prepararlos cuando lleguen a sus casas.
- Entrégales libros ilustrados sobre la nieve.

VARIACIONES

- Si vives en un lugar donde no es habitual que nieve en invierno, celebra la fiesta dentro de casa simulando que fuera está nevando. Cubre las ventanas con copos de nieve de papel, decora con muñecos de nieve de espuma, cubre el suelo con una manta blanca, confecciona carámbano con papel y sirve helados.

IDEAS ÚTILES

- Asegúrate de que los niños van bien abrigados cuando estén en el exterior, pero quítales la ropa extra al entrar en casa.

EL NIÑO Y SU MUNDO

Títulos publicados:

TU BEBÉ JUEGA Y APRENDE
160 juegos y actividades de aprendizaje
para los tres primeros años
PENNY WARNER

192 páginas
Formato: 19,5 x 24,5 cm
El niño y su mundo 18

JUEGOS PARA HACER PENSAR A LOS NIÑOS
DE 1 A 3 AÑOS
Actividades sencillas para estimular el desarrollo
mental de los más pequeños
JACKIE SILBERG

144 páginas
Formato: 15,2 x 23 cm
El niño y su mundo 25

ACTIVIDADES PARA APRENDER.
EL NIÑO DE 2 AÑOS
INA MASSLER LEVIN Y MICHAEL H. LEVIN

80 páginas
Formato: 19,5 x 24,5 cm
El niño y su mundo 29

JUGANDO CON ALMOHADAS
Juegos y actividades para ayudar a los niños
a reducir la agresividad
ANNETTE BREUCKER

96 páginas
Formato: 19,5 x 24,5 cm
Crecer jugando 3

JUEGOS Y EJERCICIOS PARA ESTIMULAR
LA PSICOMOTRICIDAD
Cómo fomentar en los niños una actitud positiva
hacia el deporte
BETTINA RIED

112 páginas
Formato: 19,5 x 24,5 cm
Crecer jugando 4

VAMOS A JUGAR
Divertidos juegos y actividades para estimular
el desarrollo de tu hijo
FRED ROGERS

132 páginas
Formato: 19,5 x 24,5 cm
Libros singulares